Código de Ética, Conducta y Moral de Trabajo Social en el Ámbito Socio - Jurídico Mexicano

Dr. Ismael Aguillón León

Edición: 2025

Responsable de la edición digital:

Appie Ebook Solutions & Automations

Código de Ética, Conducta y Moral de Trabajo Social en el Ámbito Socio - Jurídico Mexicano

Dr. Ismael Aguillón León

Índice

INTRODUCCIÓN

En todas las profesiones existen lineamientos de conducta o códigos para comportarse con los demás profesionistas de esa disciplinas o de la propia disciplina, llámese derecho, medicina, psicología, sociología, gerontología entre otras y en el caso de Trabajadores Sociales no queda exento de dicho ordenamiento para su comportamientos y dirección desde su práctica diaria en las instituciones, comunidades, con grupos o individuos por ello es menester contar con cuenta con un código de ética, moral y conducta ya que no es la excepción a la regla. Se dice a menudo que un código de ética de la profesión es uno de los rasgos que la definen como una disciplina ordenada, pulcra, sistémica, respetuosa, defensora, promotora de los valores, de los derechos de los demás y de los derechos humanos de las personas con las que trabaja o interactúa de manera cotidiana, por otra parte cuando esa labor se olvida o se deja de lado habrá necesidad de regular de cierta manera las conductas de este profesionista en pro de beneficiar a los usuarios, pacientes o clientes a quienes se les brinda la atención tanto en instituciones públicas como privadas y sociales.

Por otro lado se dice que las profesiones necesitan códigos de ética, conducta o moral en parte como un reconocimiento a ese poder que ostentan los profesionales particularmente ligado a su posesión de un conocimiento, técnicas, instrumentos, modelos y unas teorías especializadas, que quizás no sean comprendidos del todo (o ni tan sólo parcialmente) por los usuarios, clientes o pacientes; y es por ello, que nos surge la idea de realizar este Código de Ética, Conducta y Moral de Trabajo Social en el Ámbito Socio-Jurídico Mexicano, La responsabilidad Jurídica en relación a la Ética y Moral en la elaboración de la Pericial de Trabajo Social en el Sistema de Justicia Penal y Civil Mexicano, por un lado para que todos lo entiendan y lo apliquen pero por el otro como profesión el Trabajo Social se realiza dicho Código para que dicho profesional del trabajo social lo aplique de manera personal como parte de su esencia humanista, y humanitarista en pro del bien público y conciba a la ética profesional como parte de la conducta de un verdadero Trabajador o Trabajadora Social enfocados en hacer el bien sin mirar a quién.

De tal manera que con este Código de Ética, Conducta y Moral de Trabajo Social en el Ámbito Socio-Jurídico Mexicano, La responsabilidad Jurídica en relación a la Ética y Moral en la elaboración de la Pericial de Trabajo Social en el Sistema de Justicia Penal y Civil Mexicano va dirigido a los profesionistas dedicados al Trabajo Social en el que se incluye una declaración de los valores éticos y morales que son fundamento de la profesión–habitualmente reconocibles de los temas del respeto hacia las personas y la autodeterminación del usuario, al igual que algunas declaraciones sobre el compromiso de promoción de la calidad de vida ligada a la justicia social como parte de la filosofía del Trabajo Social y de su integridad profesional.

Así mismo una serie de normas que prescriban todos los comportamientos de los Trabajadores Sociales en toda la complejidad de la vida profesional, creando el espíritu y el modelo de reflexión ética, moral en lo que respecta a tan noble profesión llena de ideales, humanismo, con un aclara metodología, técnicas, herramientas, modelos como lo es el modelos Humanista, y una teoría Humanista apegada los principios de los Derechos Humanos que nos ha formado como Trabajadores Sociales desde el derecho Nutual o llamado Iusnaturalismo hoy como conocido como Derechos Humanos, derechos basados en las leyes de la razón y la moral de la naturaleza humana.

El presente documento surge por la necesidad de brindar los elementos más básicos o elementales acerca de los principios éticos, morales y de conducta en el Ámbito Socio-Jurídico Mexicano, a partir de considerar a la responsabilidad Jurídica en relación a la Ética y Moral en la elaboración de la Pericial de Trabajo Social en el Sistema de Justicia Penal y Civil Mexicano que debe de seguir un Trabajador Social o que incluso dicho profesional labora en instituciones, u organizaciones públicas o privadas; y es que es de todos sabido que no se cuenta con un código de ética, moral y conducta en aspectos socio-jurídicos que rija y oriente su quehacer profesional al igual que su conducta por parte del Trabador Social.

De tal manera que surge la necesidad como una obligación por parte del nosotros los profesionales del Trabajo Social que laboramos día a día con personas, grupos y comunidades desde la academia y/o desde la las distintas instituciones como las ya mencionadas con anterioridad, es por ello que hacer este código, como docente de Licenciatura Maestría o Doctorado es de gran importancia de manera personal ya que por pertenecer a Instituciones formadoras de Trabajadores Sociales a lo largo y ancho de nuestra labor; nos da nos da pauta obra que podrá servir incluso a instituciones Educativas para que, instruyan, preparen, enseñen a que este profesionista se conduzca con ética, moral y profesionalismo en su labora diaria, creando con ello una situación reguladora ya que en muchas de las ocasiones hace falta a este profesionistas para hacer correctamente su labor atendiendo a su vez las necesidades de las personas con las que tratara o atenderá, incluido con otros profesionales a fines a la disciplina.

Por otra parte el documento aquí desarrollado tiene como finalidad apoyar las materias básicas que se imparten en la Licenciatura de Trabajo Social, que se refieren a la Ética y Trabajo Social, Historia del Trabajo Social, a Enfoque Teórico Metodológico de Trabajo Social con Grupos, Enfoque Teórico Metodológico de Trabajo Social de Caso, Introducción al Trabajo Social, Prácticas Comunitarias, Derecho y Trabajo Social, Derechos Humanos, Teorías del Estado, Educación y Promoción Social, así como Prácticas Especializadas, Victimología, Mediación, Conciliación y Arbitraje así como a Trabajo Social Jurídico.

Preocupados por estar a la altura de otras profesiones que cuentan con sus códigos de ética, moral y códigos de la profesión es que realizamos este Código de Ética, Conducta y Moral de Trabajo Social en el Ámbito Socio-Jurídico Mexicano, La responsabilidad Jurídica en relación a la Ética y Moral en la elaboración de la Pericial de Trabajo Social en el Sistema de Justicia Penal y Civil Mexicano no demasiado preciso o detallado pues restaría valor a la comunidad profesional; en dicha obra se plasman los apartados de la Ética, Moral como Perpetua y Constante Voluntad "Un Enfoque Práctico", Los Bandos de Policía y Buen Gobierno en los Municipios a Través de la Historia, La Ética y

Filosofía como punto de partida para una mejor calidad de vida, Objetivos Para El Trabajador Social en la Ética, el Decálogo del Trabajador Social, La Ètica profesional, valores, principios y objetivo del Trabajo Social, la Responsabilidad Profesional del Trabajador Social para con la profesión, los Deberes y Criterios del Trabajo Social en relación con Colegas, para consigo mismo, para con las personas, comunidad y otras profesiones, además de una Síntesis de encuesta (valores éticos y morales), Del Secreto Profesional, Daño y Reparación Moral, los Principios Éticos "El equilibrio como Valor Fundamental en el Trabajo Social de Casos" y también los Criterios del Trabajo Social en relación con Entidades, Organizaciones e institución empleadora.

Ética, Moral como Perpetua y Constante Voluntad "Un Enfoque Práctico"

ÉTICA

Es la razón de las múltiples confusiones, falta de interés y más aún la falta de voluntad, que se observa generalmente en la sociedad, por: conocer, comprender, y aplicar los valores morales en la conducta cotidiana tanto en lo individual como en lo colectivo; se hace necesaria una definición comprensible del concepto ética, que, a su vez, entrañe un imperativo categórico o exigencia de aplicación, en este sentido, se propone la siguiente definición, eminentemente práctica:

"Ética es la perpetua y constante voluntad por conocer, comprender y aplicar los valores morales por convicción y responsabilidad en nuestra conducta cotidiana, tanto en lo individual como en lo colectivo" (Ulpiano).

Lo de "**perpetua** y constante voluntad "se hace parafraseado a **Ulpiano,** famoso jurista romano que definió el concepto, como "la perpetua y constante voluntad de dar a cada quien lo suyo".

Perpetua, en el sentido de que es imperecedera, que no muere en el transcurso del tiempo.

Constante, como práctica reiterada de conducta, que no es intermitente, sino continúa.

Voluntad, como una manifestación de una decisión libre y razonada que adquiere vida al momento de conformarse como una disposición anímica y una manifestación efectiva en los actos y conductas de los individuos.

La Moral a través de la Historia

Aproximación a una definición histórica de la moral

La moral comenzó a ser enseñada en forma de preceptos prácticos, como en el *Libro de la sabiduría* y los *Proverbios* del rey Salomón, las *Máximas* de los siete sabios de Grecia, los *Versos dorados* (y otros) de los poetas de Grecia o bien en forma de apólogos y alegorías hasta que revistió carácter científico en las escuelas de Grecia y Roma.

Ocupa importante lugar en las enseñanzas de Pitágoras, Sócrates, Platón, Aristóteles, Epicuro y, sobre todo, entre los estoicos (Cicerón, Séneca, Epicteto, Marco Aurelio, etc.). Los neoplatónicos se inspiraron en Platón y los estoicos cayeron en el misticismo. Los modernos han profundizado y completado las teorías de los antiguos.[1] es eso La ética estudia la moral.

Disciplina que trata de la valoración moral de los actos humanos, además de conjunto de principios y de normas morales que regulan las actividades humanas. Del griego «ethos», el término ética equivale etimológicamente al de moral (del latín «mos, moris»: costumbre, modo de comportarse); sin embargo, el uso parece asignar a este segundo término una connotación teológico-religiosa, atribuyendo al primero otra más filosófica, o bien reserva el de moral para la moral práctica o vivida, mientras que designa con el de ética la reflexión sistemático-filosófica sobre dicha moral.

En definitiva, por moral entendemos el conjunto de normas y reglas de acción destinadas a regular las relaciones de los individuos en una comunidad social dada.

Partiendo de esa definición de moral, el significado, función y validez de esas relaciones, se ven obligadas a variar históricamente en las diferentes sociedades, del mismo modo que unas sociedades suceden a otras, dado el carácter cambiante de la misma vida del hombre.

Con todo esto se puede decir que la moral cambia a través de los tiempos, o, dicho de otra manera, que tenemos diferentes tipos de morales según el momento histórico en que nos encontremos; así se puede hablar de una moral feudal, que se da en la edad media, una moral burguesa en la sociedad moderna, etc. (ver aptdo. La moral en las diferentes sociedades).

La moral es en definitiva un hecho histórico, y por tanto, la ética, como ciencia de la moral, no puede concebirla como algo dado de una vez y para siempre, sino que tiene que considerarla como un aspecto de la realidad humana que cambia con el tiempo; y como tal, la moral se caracteriza por estar haciéndose constantemente, produciéndose de una manera continua a través del tiempo.

La mayor parte de las doctrinas éticas, tratan de explicar la moral en términos absolutos, desentendiéndose en principio de las morales históricas concretas. Pero al olvidarse el carácter histórico de la moral, se cae en concepciones ahistoricas de ella, situándola como fuera de la historia, lo que equivale a decir fuera del hombre.

Este ahistoricismo moral, en el campo de la reflexión ética, sigue tres direcciones fundamentales:

Dios como origen o fuente de la moral. (Atribuyen la procedencia de la moral a Dios, entendido como ser supremo, del que todo emana). La naturaleza como origen o fuente de la moral. (Esta corriente defiende que la moral no es sino un instinto biológico mas del hombre, entendido en este caso como un ser natural, biológico, en definitiva un animal. En este sentido, Darwin llegó a afirmar que los animales conocen casi todos los sentimientos morales de los hombres, como amor, felicidad, lealtad, etc.

El hombre como origen y fuente de la moral. Entendiéndose un hombre dotado de una esencia eterna e inmutable, inherente a todos los individuos, cualesquiera que sean las vicisitudes históricas o la situación social. De este modo, la moral permanece y dura a lo largo de los cambios históricos y sociales.

Estas tres concepciones coinciden en buscar el origen de la moral fuera del hombre, o más bien fuera de la dimensión histórica y social de este. Pero frente a estas concepciones, hay que subrayar el carácter histórico de la moral en virtud del propio carácter histórico - social del hombre; con el conocimiento de que, si bien la moral se da en el hombre desde que este existe como tal, también se desarrolla y cambia con el desarrollo y cambio de las diferentes sociedades.

Orígenes y evolución de la moral

a) Moral de las sociedades primitivas

La moral surge cuando el hombre deja atrás su naturaleza puramente instintiva y forma parte de una colectividad. La moral requiere forzosamente que el hombre se halle en relación con los demás y una conciencia de esa relación, con el fin de poder conducirse de acuerdo con las normas o prescripciones que lo rigen. Pero esta relación hombre - hombre, no puede desvincularse de la relación hombre - medio. Dicha vinculación se expresa, ante todo en el uso y la fabricación de instrumentos, es decir, en el trabajo humano, mediante el cual el hombre crea un puente entre el y la naturaleza, a la que trata de poner a su servicio.

Ante esta nueva situación (el hombre pasa de ser un individuo a ser un ser social), se hace necesario ajustar la conducta de cada miembro a la comunidad, determinándose de esta manera que se considere como bueno o beneficioso todo aquello que contribuye a reforzar la unión o actividad común, y se ve como malo lo que contribuye a debilitar dicha unión. Se establece pues una división entre lo bueno y lo malo, así como una tabla de "deberes" basada en lo que se considera bueno y beneficioso para la comunidad, perfilándose una moral colectivista. Esta moral colectivista, propia de sociedades primitivas que no conocen la propiedad privada ni la división de clases, es una moral única y valida para todos los miembros de la comunidad, al mismo tiempo que limitada a los límites de la gens o tribu. Todo lo que estuviera fuera de esa gens o tribu, era considerado extraño.

Con todo lo dicho anteriormente, podemos concluir en que la moral de las sociedades primitivas, no existen cualidades morales personales, ya que la moralidad del individuo era propiedad de la tribu, es decir, que la colectividad absorbe la moralidad individual del hombre primitivo.

b) la moral en el mundo antiguo

El aumento de la productividad en el trabajo así como la aparición de nuevas fuerzas de trabajo, propicio que se dispusiera de una cantidad sobrante de productos que podían guardarse porque ya no se requerían para satisfacer necesidades inmediatas. Con ello empezaron s surgir desigualdades, que llevó a la apropiación privada de los bienes o productos del trabajo de otros.

Con la descomposición del régimen comunal y la aparición de la propiedad privada, empiezan a atisbarse las primeras divisiones entre hombres libres y esclavos. Esta división en dos clases antagónicas se tradujo en una división de la moral. Es mas, aparecieron en aquellos momentos dos tipos de moral, una dominante, la de los hombres libres (que era la única que se tenia por verdadera) y otra, la de aquellos esclavos que internamente rechazaban los principios y normas morales vigentes, y que consideraban validos los suyos propios.

Mientras que la moral de los hombres libres era una moral efectiva y con un fundamento y justificación teóricos en las grandes doctrinas éticas de los filósofos de la antigüedad, la moral de los esclavos nunca pudo alcanzar un nivel teórico. De acuerdo con las ideas dominantes de la época, Aristóteles consideraba que unos hombres eran libres y otros esclavos por naturaleza, y que esta definición era justa y útil. Con todo esto, los esclavos solo podían estar influidos por una moral servil que hacia que se vieran a sí mismos como cosas, por tanto no les era posible superar con su propio esfuerzo los limites de aquella moral dominante; es decir que las condiciones en las que vivían les impedía forjar una moral propia como conjunto de principios y reglas de acción. Practica y teóricamente, la moral que dominaba en la sociedad antigua era la de los hombres libres. El individuo no deja en esta época de sentirse miembro de la comunidad, pero sin sentirse totalmente absorbido por ella.

c) La moral en la sociedad feudal

Con el hundimiento del mundo antiguo y la aparición de la sociedad feudal, aparecen también un cambio en la moral de los hombres.

La sociedad feudal trajo cambios económico-sociales, que se tradujeron en una división de la sociedad en dos clases fundamentales: la de los señores feudales y la de los campesinos siervos. No se trata ya de una sociedad esclavista, sino que se dan entre los hombres una relación de vasallaje; los señores feudales poseían absolutamente la tierra, y gozaban de una propiedad relativa sobre los siervos adscritos de por vida a ella. Los siervos estaban obligados a trabajar para su señor y a cambio de ello podían disponer de una parte de los frutos de su trabajo. Aunque su situación seguía siendo muy dura, dejaron de ser considerados cosas para elevarse su condición a la de humanos.

La moral de esta sociedad responde a sus características económico sociales y espirituales e impregnada de un alto contenido religioso, debido al papel preeminente de la iglesia en la vida espiritual de la sociedad; y puesto que el poder de la iglesia era aceptado por todos los miembros de la comunidad, dicho contenido aseguraba una cierta unidad moral de la sociedad. Pero al mismo tiempo, y debido a las rígidas divisiones sociales en estamentos y corporaciones, se daba una estratificación moral, es decir una pluralidad de códigos morales (había un código moral para cada estamento).

d) la moral en la edad moderna

Con el surgimiento de la burguesía como nueva clase social, apareció también un nuevo modo de regular las relaciones entre los individuos, con lo que se gestaba también un cambio importante en la moral. Desaparecieron las trabas feudales para crear un mercado nacional único, y un estado centralizado que acabaran con la fragmentación económica y política.

Es esta época la de las grandes revoluciones liberales, que alcanza su expresión clásica a mediados del siglo XIX, y que tenía como ley fundamental la ley de la producción de plusvalía. Esta ley, cuyo único fin es buscar el máximo beneficio, generará una moral propia, en la que el culto al dinero y la tendencia a acumular los mayores beneficios, constituirá el caldo de cultivo para que entre los individuos florezcan sentimientos de egoísmo, hipocresía, cinismo e individualismo exacerbado.

Con la entrada del siglo XIX, se pasa de métodos brutales de explotación en el trabajo, a métodos más racionalizados y científicos, como los del trabajo en cadena. Se intenta inculcar en el obrero la idea de que, como ser humano, forma parte de la empresa, haciendo así que se olvide de la solidaridad con sus compañeros de clase, y conjugando sus intereses personales con los de su empresa. Es una moral común, la que se esta inculcando a los individuos, desprovista de todo contenido particular, con lo que contribuye a justificar y reforzar los intereses del sistema regido por la ley de la producción de plusvalía (citada anteriormente), y por lo tanto es una moral ajena a sus verdaderos intereses humanos y de clase.

En los tiempos modernos (a medida que los pueblos colonizados no se resignan a ser dominados), se echa mano de la moral para justificar la opresión. Se da una moral colonialista, que presenta como virtudes del colonizado lo que responde a los intereses del país opresor (resignación, fatalismo, humildad, pasividad), además de catar moralmente la haraganería, criminalidad, hipocresía y apego a la tradición de los pueblos colonizados, para justificar la necesidad de imponerle una civilización superior, es decir, imponerles su moral.

Concepción Actual de la moral

Se denomina moral o moralidad al conjunto de creencias y normas de una persona o grupo social que determinará el obrar (es decir, que orienta acerca del bien o del mal —correcto o incorrecto— de una acción o acciones).

La moral son las reglas o normas por las que se rige la conducta de un ser humano en relación con la sociedad y consigo mismo. Este término tiene un sentido positivo frente a los de «inmoral» (contra la moral) y «amoral» (sin moral). La existencia de acciones y actividades susceptibles de valoración moral se fundamenta en el ser humano como sujeto de actos voluntarios. Por tanto, la moral se relaciona con el estudio de la libertad y abarca la acción del hombre en todas sus manifestaciones.

La palabra «moral» tiene su origen en el término latino *mores*, cuyo significado es 'costumbre'. *Moralis* (< latín *mos* = griego 'costumbre'). Por lo tanto «moral» no acarrea por sí el concepto de malo o de bueno. Son, entonces, las costumbres las que son virtuosas o perniciosas.

Los antiguos romanos concedían a las *mores maiorum* ('costumbres de los mayores', las costumbres de sus ancestros fijadas en una serie continuada de precedentes judiciales) una importancia capital en la vida jurídica, a tal grado que durante más de dos siglos (aproximadamente hasta el siglo II a. C.) fue la principal entre las fuentes del Derecho. Su vigencia perdura a través de la codificación de dichos precedentes en un texto que llega hasta nosotros como la Ley de las XII Tablas, elaborado alrededor del 450 a. C.

Los conceptos y creencias sobre moralidad son generalizados y codificados en una cultura o grupo y, por ende, sirven para regular el comportamiento de sus miembros. La conformidad con dichas codificaciones es también conocida como moral y la civilización depende del uso generalizado de la moral para su existencia.

Toda acción humana es en esencia social. Directa o indirectamente está correlacionada con la vida del conglomerado social en el cual se encuentra inmerso el protagonista de la acción consciente. Para una armónica y feliz convivencia se requiere la observación de un mínimo de normas. La ética se ocupa de las normas o reglamentos que rigen el comportamiento o conjunto de acciones individuales o colectivas. Si la acción se ajusta a la norma se denominará acción éticamente buena. En caso contrario será considerada y juzgada como acción éticamente mala o inadecuada.

Toda acción social tiene efectos en el medio en donde se desenvuelve la vida de los actores sociales. Estos efectos podrán clasificarse como buenos o malos, deseados o indeseados, admitiendo atributos intermedios entre ambos extremos. Puede decirse que la ética describe la acción social en función de los efectos que produce según una previa clasificación de los mismos.

Si calificamos a los efectos como buenos o malos, luego, las acciones que los producen, así como la actitud y la persona de la cual proviene, heredan esos calificativos asignados.

Moral y Ética

Muchos autores consideran como sinónimos a estos términos, debido a que sus orígenes etimológicos son similares.

Sin embargo, en el ámbito de la filosofía se considera a la ética como la disciplina filosófica que estudia a la moral. Es decir, el uso que le ha dado la gente ha convertido a la moral en el objeto de estudio de la ética.

De ahí que podemos decir que una ética propuesta es el conjunto de normas sugeridas por un filósofo, o proveniente de la religión, en tanto que «moral» vendría a designar el grado de acatamiento que los individuos dispensan a las normas imperantes en el grupo social. En un sentido práctico, ambos términos se hacen indistinguibles y por ello se los considera equivalentes. El matiz que las delimita está en la observación o aplicación práctica de la norma que entraña el mandato ético. Por ello, la norma ética siempre será teórica, en tanto que la moral o costumbre será su aplicación práctica.

Por otro lado la moral se basa en los valores que la conciencia nos dicta, a su vez, basado en costumbres aprendidas, por lo tanto, la moral no es absoluta o universal, ya que su vigencia depende de las costumbres de una región, de la misma manera que la ética tampoco tiene una validez absoluta al ser ambas imperativos categóricos, la mora también es objetiva como un conjunto de normas morales, normas que coexisten como hechos sociales independientemente de que un sujeto quiera acatarlas o no, actos morales que provienen del convencimiento de que el actuar de un individuo siempre se realiza por ciertos fines y que todo el que hace algo, lo debe hacer con un fin, a menos que no controle su razón, como ocurre en variadas situaciones. Sin embargo, las realidades sociológicas sugieren que las personas suelen actuar por inercia, costumbre, tradición irrazonada o la llamada "mentalidad de masa".

Opuesto a esta postura de auto-justificación, está la aceptación, por parte del individuo, de su responsabilidad. Usando los valores morales, puede convertirse en el artífice de su propio destino, o de un mejor destino. A lo largo de la historia, y de cultura en cultura, han existido distintas visiones de la moral. Generalmente, la moral es aplicada a campos en los cuales las opciones realizadas por individuos expresan una intención relativa a otros individuos; incluso no miembros de la sociedad. Por lo tanto, existe una disputa académica sobre si la moral puede existir solamente en la presencia de una sociedad o también en un individuo hipotético sin relación con otros. La moralidad se mide también cuando la persona está sola, no siendo observada por nadie, por ejemplo, en situaciones donde se requiere tener mucha integridad, de tal suerte que se puede hablar de de la aplicación de una Autonomía y heteronomía y e su aplicación la concepción de moralidad puede tender hacia cualquiera de las posibles direcciones en un campo determinado. De hecho, existen morales que recomiendan ciertas restricciones sobre el comportamiento (heteronomía), así como existen morales que recomiendan una autodeterminación totalmente libre (autonomía) y una variedad de posiciones intermedias.

Actos de Aplicación Inmoral, Amoral y Moral

Dentro del concepto de "moral" surgen otros dos conceptos que son, cada uno a su manera, antónimos y que normalmente se confunden. Uno es el de "inmoral", el cual hace referencia a todo aquel comportamiento o persona que viola su propia moral o la moral pública. Esta persona estaría actuando de forma incorrecta, estaría actuando mal.

El otro concepto es el de «amoral», el cual hace referencia a las personas que carecen de moral, por lo que no juzgan los hechos ni actos como buenos o malos, correctos o incorrectos. La mayor defensa de la amoralidad la realizan los taoístas.

El taoísmo dice que la moral corrompe al ser humano, obligándolo a hacer cosas buenas cuando no está preparado y prohibiéndole hacer cosas malas cuando necesita experimentar para darse cuenta de las repercusiones de sus actos. Todo lo «moral», según ellos, implica forzar la naturaleza del ser humano y es fruto de la desconfianza y el miedo a los demás, a lo que puedan hacer si no están sometidos al estricto gobierno de unas leyes que rijan su comportamiento, ahora bien el valor moral participa de la naturaleza y características del valor en general, pero tiene un carácter específico dentro de esa naturaleza. Su especificidad proviene de la materia en que se sustenta.

La doctrina clásica aristotélico-tomista de la moral concibe a ésta como el estudio y normativa de la acción humana. Según Aristóteles, en la acción humana se dan tres órdenes o niveles: a) teórico: el pensamiento; b) proyectivo (fáctico o del hacer), que es el orden a la producción de objetos externos al hombre y que puede ser un hacer artístico o técnico; c) moral (obrar) en que la acción u operación queda dentro del que actúa.

El valor moral pertenece al nivel práctico de la acción humana, al obrar. No es ni teórico (mero conocimiento), ni proyectivo (ordenado a fabricar cosas). El valor moral hace referencia a la acción humana no en cuanto produce obras externas, sino en cuanto que es actividad producida por el hombre.

Características del Valor Moral

El valor moral tiene una especial relación con el sujeto que actúa, en cuanto que lo hace con intencionalidad, con libertad y como consecuencia de un compromiso interno.

En el valor moral hay que distinguir un aspecto objetivo: la acción moral concreta, exteriorizada; y otro subjetivo: la buena o mala voluntad.

"Podemos ver en el Evangelio (cf. Mt. 6, 1-18) que, a veces, una acción ética buena por su propio contenido objetivo -por. ejemplo: una limosna, una oración, un día de ayuno-, se hace éticamente mala debido a la intención de la persona que la ejercita; por ejemplo cuando con semejante acción pretende vanamente sobresalir a los ojos de los demás. -Por eso manda Jesús realizar tales acciones en secreto, es decir, de forma que no sean vistas por la gente, sino sólo por Dios-

K. Wojtyia, Max Scheler y la ética cristiana, 2025

Según esto, lo específico del valor moral está en el compromiso intencional del sujeto. Lo más propio de los valores morales es su estrecha relación con la subjetividad humana, con todo lo que incluye de libertad, de intencionalidad, de responsabilidad. Los valores morales tienen una importancia primordial en la vida humana. Se justifican por sí mismos. Es decir, no son valores que sirven para otra cosa, como ocurre con aquellas perfecciones del hombre que tienen carácter instrumental, como, por ejemplo, la ciencia, la cultura, etc., que pueden servir para triunfar en la vida.

Esto no quiere decir que los demás valores no tengan importancia para el hombre, pues, aunque efectivamente los valores más altos sean los religiosos, porque responden al destino último del hombre, los valores morales sirven como de puente entre los religiosos y los demás y aumentan el valor de ellos. Por ejemplo, ser un buen profesional muy competente y cumplir perfectamente con el deber, es un conjunto de valores o respuestas a valores, que perfeccionan al hombre. Si ese buen profesional tiene además sentido ético, aumentará el valor de esas actuaciones, aunque sólo se enjuicien en cuanto a su buena realización. Así, el médico prestigioso que se niega a colaborar en un aborto, enriquece su profesión médica (pues los médicos están para curar y no para matar). Y si, además, ofrece a Dios su trabajo, como reconocimiento de la superioridad de Dios, eleva todavía más el valor de esas acciones.

El valor moral está presente en todos los demás valores, sin privarles de su autonomía y sus peculiaridades, porque el hombre es ético (moral) por naturaleza y no puede renunciar a tener un comportamiento bueno o malo. Por ser un valor eminentemente humano, condiciona a la persona en todas sus realizaciones. Se es hombre en la medida en que se cultivan los valores morales, que son la razón de ser del hombre. Son, por tanto, los valores más personalizadores.

Son constantes en la vida del hombre, no se acaban, no dependen de coyunturas, no se gastan. Realizan un ideal universalmente válido. Esto no significa que ese ideal no esté condicionado a la situación personal del sujeto. Así, por ejemplo, la monogamia es un valor moral de ley natural y, por tanto, universal, pero, sin embargo, en algunas épocas y lugares las costumbres polígamas han oscurecido este valor para los hombres de determinadas épocas y culturas.

Constitutivo Intrínseco del Valor Moral

Es muy importante establecer bien el principio de toda moral, ya que las consecuencias de este principio tendrán influencia en la vida de los hombres que lo sigan, pues según sea este principio, los modos de actuar, la conducta, será muy diferente. Un ligero estudio de los principales sistemas de valoraciones morales servirá de importante ayuda sobre la importancia del constitutivo intrínseco del valor moral.

Historia de los Principales Sistemas de Valoración Moral

A lo largo de la historia ha habido una serie de sistemas morales, que podemos reagrupar, resumiéndolos, teniendo en cuenta el principio que valoran sobre los demás:

a) Utilitarismo. Es el más elemental. El fin de la vida es que el hombre sea feliz. Pero la felicidad le viene dada al hombre por lo que le es útil. Tanto en el utilitarismo antiguo como en el moderno destaca su individualismo, incapaz de superar el egoísmo, pues incluso cuando ayuda a los demás, lo hace por la utilidad que a él le reporta. Variantes suyas son el hedonismo o moral del placer, que busca la satisfacción presente prescindiendo del futuro mejor; y el eudemonismo, que busca la felicidad en el futuro.

En la Antigüedad destaca Epicuro, que afirma que todo placer viene del cuerpo y que la meta a conseguir es buscar un equilibrio moderado en los placeres hasta llegar a una ataraxia o indiferencia a la que nada perturbe.

En los siglos XVI al XVIII renace con el empirismo inglés. Un autor muy importante es Bentham, para quien el problema moral reside en calcular bien el interés, para lo cual basta con adaptarse al medio social. Una expresión de Benjamín Franklin muestra esta actitud: “Si los pícaros supieran las ventajas de la virtud, se volverían gente honrada por picardía”. El utilitarismo, como se ve, es una moral mínima.

b) Altruismo. En este sistema destaca el amor al hombre, pero prescindiendo del amor a Dios. La base moral es la simpatía. Los actos serán moralmente buenos en la medida en que sean desinteresados. Esta moral no es individualista sino social y humanitaria. Su optimismo se basa en la bondad de la naturaleza humana. El problema reside en que, al prescindir de Dios, difícilmente consiguen los ideales que se proponen.

c) Escepticismo y cinismo. Son negadores de toda moral como una reacción de cansancio ante la variedad de sistemas morales y ante la experiencia negativa de la malicia de muchos de ellos. Destaca en ambas actitudes su anti4ntelectualismo, pues afirman ser imposible conocer y vivir el bien. En la Antigüedad destacan Antístenes y Diágenes. Rechazan el lujo, la materia, la política; valoran el esfuerzo por el esfuerzo y la indiferencia ante todo lo que los demás valoran. Modernamente militarían en estas banderas todos aquellos que renuncian a la lucha por el bien, "Yo soy así y hay que tomarme como soy", de ese modo justifican cualquier conducta humana.

d) Sociologismo. Para este sistema, la moral se basará en las costumbres; la moral es, pues, el arte de estar bien, no de ser bueno (Lévy-Bruhl), o bien, será bueno lo que hace la mayoría, pues la moral sería un producto del medio social (Durkheim). Esta mentalidad está muy extendida en la actualidad.

e) Vitalismo. En este sistema, el fin del hombre no es el placer o la utilidad, sino la vida. Algunos autores vitalistas son llevados por sus ideas a un sensualismo (Diderot), en que lo fundamental es vivir con intensidad y dejar suelta la espontaneidad, lo que resulta muy similar a dejar sueltos los instintos. En Nietzsche llega a su punto álgido con la negación del bien y del mal. Nietzsche niega las reglas, la razón, etc., para poner como supremo valor la voluntad del superhombre.

f) El deber por el deber. Kant intentó hacer una moral partiendo del racionalismo. Para ello no parte de la noción de bien sino de la de deber, puesto que no existe moral sin obligación. Un acto será moral cuando se haga por deber. Para Kant, el placer disminuye la virtud, pues lo importante en la virtud es el esfuerzo con que se realiza el acto virtuoso, más que el que ese acto sea bueno en sí. Surge así una moral subjetiva y, al mismo tiempo, muy rígida y asfixiante.

g) **Materialismo marxista.** Niega la existencia de cualquier moral puesto que niega la libertad humana, el bien y cualquier valor que no sea material. ¿Qué criterios usa entonces para actuar? Los que dicta la dialéctica materialista e histórica que se manifiesta en la praxis. Será correcta la actuación que vaya en la línea de la lucha de clases, aunque sea cambiante y defienda unas veces una acción (decir la verdad, defender la democracia, etc.) y otras su contraria (mentir, defender la dictadura, etc.). Es, por así decir, un maquiavelismo (defensa de las tácticas más astutas como razón de Estado para defender el alcanzar el triunfo) pero llevado a su forma extrema. Curiosamente, junto a la negación de la libertad impulsa a actuar muy activamente para alcanzar el pretendido desarrollo de la dialéctica.

¿Existe una moral comunista? Ciertamente, sí. La burguesía nos reprocha frecuentemente a los comunistas el negar toda moral. ¿En qué sentido negamos la moral y la moralidad? Las negamos en el sentido burgués de que esta moralidad deriva de ordenamientos de la divinidad o de fines idealistas o semiidealistas que, finalmente, se parecerían mucho a preceptos de la divinidad ( ). Toda esta moral tomada de concepciones exteriores a las clases y aun a la humanidad, la negamos. ( ) Nuestra moral está enteramente subordinada al interés del proletariado y a las exigencias de la lucha de clases. Decimos, en efecto: La moral es lo que sirve para destruir la antigua sociedad de explotación y agrupar a todos los trabajadores en torno al proletariado para la creación de la sociedad comunista. (La moral comunista es la que sirve a esa lucha, es la que agrupa a todos los trabajadores contra toda clase de explotación y contra toda especie de propiedad privada,,

(Lenin, Les táches des unions de la jeunesse).

h) **Amoralismo de Sartre.** En este autor se reflejan con claridad las consecuencias del ateísmo en la moral. Afirma que el hombre es una nada con ansías de llegar a ser. No hoy bien infinito, pero tampoco un bien finito. El deseo de perfeccionarse es absurdo. El único criterio para obrar es hacerlo con libertad. Es la libertad eligiéndose a sí misma la que determina el valor.

No cabe fidelidad, ni compromiso, ni amor, ni leyes, ni normas. De hecho, justifica el amoralismo más extremo.

Ética Moral Natural

Valor moral es la percepción de la relación que un determinado acto guarda con la naturaleza y, en consecuencia, con su fin último. El valor es una consecuencia del bien, o el mismo bien desde la perspectiva de valioso. Por ello, como Dios es el Sumo Bien, por ser infinito, perfecto, Dios es el Ser más valioso, y de ahí se deriva también que Dios sea fin último de toda la creación y, especialmente, del hombre. Esta tendencia de toda la creación y, sobre todo, del hombre hacia Dios, hace que Dios sea el fundamento primero de la moralidad, ya que los valores, -por humanos, tienen que ver con la máxima plenitud humana.

El segundo fundamento de la moralidad, y, por tanto, de los valores morales, son la libertad. Las criaturas irracionales están ordenadas a Dios como su fin y esa ordenación la cumplen en cuanto realizan los fines propios de sus respectivas naturalezas. Se dirigen a su fin como dirigido por un Ser superior.

El hombre, en cambio, posee, por su naturaleza intelectual y libre, la fuerza de orientarse por sí mismo a Dios: se puede mover por sí mismo a su fin último. Esto implica un grado superior de bondad y hace que los valores morales sean superiores a los demás. Por tanto, la bondad o maldad de las acciones humanas su moralidad proviene de que la voluntad se dirija o se aparte de un bien debido. Así, por ejemplo, si el hombre dice la verdad, respeta al prójimo, procura conservar su vida, etc., hace el bien. Si mata, injuria, etc., hace el mal.

El mal moral mal en sentido propio es un desorden, un vacío, un empobrecimiento, que ha recibido el nombre de pecado. En la Biblia leemos cómo José, el hijo de Jacob, preso en Egipto, se negó a prestarse a los malvados deseos de la mujer de Putifar, y prefirió aceptar la persecución antes que cometer un pecado (cfr. Gén. 39, 7-20) dando un ejemplo palpable de bondad moral.

Los valores morales se refieren al punto central y más profundo de la vida humana y se manifiestan en responsabilidad, conciencia, sentido de culpa y mérito.

La moralidad supone la libertad de la persona. Sólo los actos libres pueden ser portadores de valores o contravalores morales. La moralidad está ligada a la responsabilidad y ésta supone libertad. Por eso censuramos al hombre injusto, pero no podemos censurar al que es poco inteligente, porque eso no depende de su voluntad.

Un contravalor moral implica culpa y se manifiesta en la voz de la conciencia. Ello hace que los valores morales tengan la característica de la obligación. Debemos ejercitarlos, debemos actuar de acuerdo con ellos. Traen también consigo una relación con el premio o el castigo. Si se obra moralmente bien, se merece premio, de lo contrario se merece castigo. Sócrates lo captó muy bien cuando dijo: "Es mejor para el hombre sufrir la injusticia, que cometerla". Se comprende, por ello, que este filósofo pagano y sus discípulos estuvieran persuadidos de la inmortalidad del alma y de que en la otra vida se recibirían los premios o castigos por la conducta moral.

Valor Supremo de la Ética Moral Cristiana

La ética cristiana es la que se deriva del mensaje de Cristo en la revelación neotestamentaria. No es algo añadido a la ética natural, sino algo que la eleva a un orden superior recogiendo todo aquello que el hombre lleva impreso en su naturaleza. Jesucristo dijo que Él no había venido a abolir la ley, sino a darle cumplimiento (cfr. Mt. 5, 17), lo que quiere decir que la ley de la antigua Alianza, el Decálogo, sigue vigente, y si el vivir cristiano es identificarse con Cristo o, mejor aún, conseguir la meta paulina de que Cristo viva en el discípulo, el cristiano debe cumplir la ley moral del Antiguo Testamento, como Cristo la cumplió.

Aunque, para el cristiano, el seguimiento de Cristo puede concretarse en diferentes ideales, es claro que la virtud de la caridad los envuelve todos, si la caridad se entiende en sentido pleno con la doble dimensión de amor a Dios y al prójimo: un amor que es, sobre todo, amor de amistad, desinteresado, que hace al hombre amigo de Dios y, por Él, amigo de los hombres.

Esta doctrina muestra que el mensaje cristiano ha llevado a término, superándolos, todos los ideales éticos (morales) que han sido propuestos por los más grandes pensadores.

La caridad será el coronamiento del comportamiento humano. En la ética de Aristóteles, el coronamiento de todo su edificio moral lo constituía la virtud de la amistad. Pero así como en la ética aristotélica la amistad era la cumbre de todo un conjunto ordenado y muy completo de virtudes, en la ética cristiana es la caridad la que corona a todas las otras virtudes: prudencia, justicia, fortaleza y templanza y todas las que giran en torno a éstas.

De los Principios Generales de la Moral de David Hume

Se recogen las consideraciones iniciales sobre la moral en las que se funda la ética, basada en el sentimiento, en consonancia con los principios empiristas.

1.- Las disputas con hombres que se obstinan en mantener sus principios a toda costa son las más molestas de todas, quizá con la excepción de aquellas que se tienen con individuos enteramente insinceros que en realidad no creen en las opiniones que están defendiendo, y que se enzarzan en la controversia por afectación, por espíritu de contradicción y por el deseo de dar muestras de poseer una agudeza y un ingenio superiores a los del resto de la humanidad. De ambos tipos de personas debe esperarse la misma adherencia a sus argumentos, el mismo desprecio por sus antagonistas y la misma apasionada vehemencia en su empeño por hacer que imperen la sofistería y la falsedad. Y como el razonamiento no es la fuente de donde ninguno de estos dos tipos de disputantes saca sus argumentos, es inútil esperar que alguna vez lleguen a adoptar principios más sólidos guiándose por una lógica que no hable a sus afectos.

1.1 Quienes han negado la realidad de las distinciones morales podrían ser clasificados entre los disputantes insinceros. No es concebible que criatura humana alguna pueda creer seriamente que todos los caracteres y todas las acciones merecen por igual la aprobación y el respeto de todos. La diferencia que la naturaleza ha establecido entre un hombre y otro es tan vasta y puede acentuarse hasta tal punto por virtud de la educación, el ejemplo y el hábito, que cuando se presentan ante nuestra consideración dos casos extremos enteramente opuestos, no hay escepticismo, por muy radical que sea, que se atreva a negar absolutamente toda distinción entre ellos. Por muy grande que sea la falta de sensibilidad de un individuo, con frecuencia tendrá este hombre que ser tocado por las imágenes de lo justo y de lo Injusto; y por muy obstinados que sean sus prejuicios, tendrá por fuerza que observar que sus prójimos también son susceptibles de experimentar impresiones parecidas. Por lo tanto, el único modo de convencer a un antagonista de esta clase será dejarlo solo. Pues cuando vea que nadie está dispuesto a seguir discutiendo con él, lo más probable es que, de puro aburrimiento, decida por sí mismo ponerse del lado del sentido común y de la razón.

2.- Últimamente ha tenido lugar una controversia mucho más merecedora de nuestra atención, que se refiere a los fundamentos generales de la Moral. Es la controversia acerca de si estos fundamentos se derivan de la Razón o del Sentimiento; de si llegamos a conocerlos siguiendo una cadena de argumentos e inducciones, o más bien por un sentimiento inmediato y un sentido interno más sutil; de si, como sucede con todo recto juicio acerca de la verdad y la falsedad, deben ser los mismos en todos los seres racionales inteligentes, o deben estar fundados, como ocurre con la percepción de la belleza y la deformidad, en la particular manera de ser y constitución de la naturaleza humana.

Los filósofos antiguos, aunque a menudo afirman que la virtud no es otra cosa que una conformidad con la razón, en general parecen considerar la moral como algo que deriva su existencia del gusto y del sentimiento. Por otro lado, nuestros investigadores modernos, aunque también hablan mucho de la belleza de la virtud y de la fealdad del vicio, han intentado, por lo común, explicar estas distinciones mediante razonamientos metafísicos y deducciones derivadas de los más abstractos principios del entendimiento. Tal es la confusión que ha reinado en estos asuntos, que un antagonismo de gravísimas consecuencias podrá llegar a prevalecer entre uno y otro sistema, e incluso dentro de las partes de cada sistema en particular. Y, sin embargo, nadie, hasta hace muy poco, había reparado en ello. El sutil Lord Shaftesbury, que fue el primero en señalar esta distinción, y que, en general, se adhirió a los principios de los antiguos, no se libra enteramente de caer en la misma confusión.

3.- Debe reconocerse que ambas posturas acerca de esta cuestión son susceptibles de ser defendidas con argumentos plausibles. De una parte, cabría decir que las diferencias morales pueden discernirse mediante el uso de la pura razón. Pues, de no ser así, ¿cómo explicar las muchas disputas que tienen lugar en la vida ordinaria y en la filosofía con respecto a este asunto? ¿Cómo dar cuenta de la larga cadena de pruebas que a menudo son esgrimidas por ambos bandos, los ejemplos que se citan, las falacias que se denuncian, las inferencias que se deducen y las diversas conclusiones que se sacan de acuerdo con los principios de que se parte? Se puede disputar sobre la verdad, pero no sobre el gusto.

Lo que existe en la naturaleza de las cosas dicta la norma de nuestro juicio, mientras que lo que un hombre siente dentro de sí mismo es lo que marca la norma del sentimiento. Las proposiciones geométricas pueden probarse, y los sistemas de física pueden ser discutidos racionalmente. Pero la armonía del verso, la ternura de una pasión y la brillantez de ingenio nos procuran un placer inmediato. Ningún hombre razona acerca de la belleza de otra persona, pero sí ofrece argumentos cuando se está refiriendo a la justicia o injusticia de sus actos. En todo proceso criminal, el primer objetivo del prisionero es probar que son falsos los hechos que se alegan, y negar los actos que se le imputan; el segundo consiste en probar que, aun en el caso de que dichos actos fuesen reales, podrían justificarse como inocentes y legales. Es admitido que el primer objetivo puede alcanzarse mediante deducciones del entendimiento; ¿cómo podríamos suponer que es otra facultad de la mente la que se emplea en lograr el segundo?

4.- Por su parte, quienes afirman que todas las determinaciones morales se basan en el sentimiento se esforzarán por mostrar que a la razón le resulta imposible llegar a conclusiones en este orden de cosas. A la virtud, dicen los partidarios de esta opinión, le corresponde el ser amable, y al vicio, odioso. En eso consiste su auténtica naturaleza o esencia. Pero ¿puede la razón o la argumentación asignar estos diferentes epítetos a tal o cual sujeto y pronunciarse de antemano acerca de si una cosa debe producir amor y otra odio? ¿Qué razón podríamos dar para explicar estas disposiciones afectivas, como no sea la textura y conformación del alma humana, la cual está naturalmente capacitada para albergarlas?

4.1 La meta de toda especulación moral es enseñarnos nuestro deber, y mediante representaciones adecuadas de la fealdad del vicio y de la belleza de la virtud, engendrar en nosotros los hábitos correspondientes que nos lleven a rechazar el uno y abrazar la otra. Pero ¿hemos de esperar que esto se produzca mediante inferencias y conclusiones del entendimiento, las cuales no tienen de por sí influencia en nuestras disposiciones afectivas ni ponen en movimiento los poderes activos de los hombres? Descubren verdades; pero cuando las verdades que descubren son indiferentes y no engendran ni deseo ni aversión, no pueden tener influencia en la conducta. Lo que es honorable, lo que es justo, lo que es gentil, lo que es noble, lo que es generoso, se apodera de nuestro corazón y nos anima a abrazarlo y mantenerlo. Lo que es inteligible, lo que es evidente, lo que es probable, lo que es verdadero produce en nosotros, únicamente, el frío asentimiento de nuestro entendimiento; y la satisfacción de una curiosidad especulativa pone fin a nuestras indagaciones.

4.2 Extinguid todos los sentimientos y predisposiciones entrañables a favor de la virtud, así como todo disgusto y aversión con respecto al vicio; haced que los hombres se sientan indiferentes acerca de estas distinciones, y la moral no será ya una disciplina práctica ni tendrá ninguna influencia en la regulación de nuestras vidas y acciones.

5.- Estos argumentos esgrimidos por cada uno de los bandos (y muchos más que podrían aducirse) son tan plausibles, que yo me inclino a sospechar que tanto el uno como el otro son sólidos y satisfactorios, y que la razón y el sentimiento concurren en casi todas nuestras determinaciones y conclusiones. Es probable que la sentencia final que decida si tal carácter o tal acto es amable u odioso, digno de alabanza o de censura; la sentencia que ponga en ellos la marca del honor o de la infamia, la de la aprobación o la censura; la que hace de la moralidad un principio activo y pone en la virtud nuestra felicidad y en el vicio nuestra miseria, es probable, digo, que esta sentencia final dependa de algún sentido interno o sentimiento que la naturaleza ha otorgado a toda la especie de una manera universal. Pues, ¿qué otra cosa, si no, podría tener una influencia de este tipo? Pero a fin de preparar el camino para que se dé tal sentimiento y pueda éste discernir propiamente su objeto, encontramos que es necesario que antes tenga lugar mucho razonamiento, que se hagan distinciones sutiles, que se infieran conclusiones precisas, que se establezcan comparaciones distantes, que se examinen relaciones complejas, y que los hechos generales se identifiquen y se esté seguro de ellos.

Algunas especies de belleza, especialmente las de tipo natural, se apoderan de nuestro afecto y de nuestra aprobación en cuanto se nos presentan por primera vez. Y cuando no logran producir este efecto, es imposible que razonamiento alguno pueda cambiar su influencia o adaptarlas mejor a nuestro gusto y sentimiento. Pero en muchas otras clases de belleza, particularmente las que se dan en las bellas artes, es un requisito emplear mucho razonamiento para llegar a experimentar el sentimiento apropiado; y un gusto equivocado puede corregirse frecuentemente mediante argumentos y reflexiones. Hay justo fundamento para concluir que la belleza moral participa en gran medida de este segundo tipo de belleza, y que exige la ayuda de nuestras facultades intelectuales para tener influencia en el alma humana.

6.- Más aunque la cuestión referente a los principios generales de la moral sea curiosa e importante, es innecesario en este momento que nos dediquemos a investigarla con más detalle. Pues si en el curso de la presente indagación somos tan afortunados como para descubrir el verdadero origen de la moral, entonces veremos fácilmente en qué grado entra el sentimiento o la razón en todas nuestras decisiones de esta clase.

6.1 Para alcanzar tal propósito, trataremos de seguir un método muy simple: analizaremos ese complejo de cualidades mentales que forman lo que en la vida común llamamos Mérito Personal; consideraremos cada atributo del alma que hace que un hombre sea objeto de estima y afecto, o de odio y desprecio; consideraremos asimismo los diferentes hábitos, o sentimientos, o facultades que, si se adscriben a una persona, implican alabanza o censura, y que podrían formar parte de cualquier panegírico o de cualquier sátira de su carácter y de sus modales.

6.2 La aguda sensibilidad que en este punto posee universalmente todo el género humano, le da a un filósofo suficiente garantía de que nunca se equivocará mucho al componer este catálogo, y de que tampoco incurrirá en el peligro de elegir mal el objeto de su contemplación: sólo necesitará entrar por un momento dentro de sí mismo y ver si a él le gustaría que se le adscribiese esta o aquella cualidad, y si tal imputación provendría de un amigo o de un enemigo. La misma naturaleza del lenguaje nos guía casi infaliblemente a la hora de formarnos un juicio de esta clase. Pues como cada lengua posee un grupo de palabras que se toman en un buen sentido, y otro grupo de palabras que se toman en sentido opuesto, basta con un ligero conocimiento del idioma, sin ayuda de razonamiento alguno, para orientarnos en la tarea de recoger y clasificar las cualidades humanas estimables o censurables.

6.3 El único objeto de razonamiento será el descubrir las circunstancias que tanto en un lado como en otro son comunes a estas cualidades, observar el particular elemento en que todas las cualidades estimables coinciden, así como el elemento en el que coinciden las censurables, y, a partir de ahí, llegar hasta el fundamento de la ética y encontrar esos principios universales de los que en último término se deriva toda censura y aprobación. Como esto es una cuestión de hecho y no de ciencia abstracta, sólo podremos esperar tener éxito siguiendo el método experimental y deduciendo máximas generales mediante una comparación de casos particulares.

6.4 El otro método científico según el cual se establece primero un principio general abstracto que es después ramificado en una variedad de inferencias y conclusiones, puede que en sí mismo sea más perfecto, pero se ajusta menos a la imperfección de la naturaleza humana y es una fuente común de ilusión y de error en éste y en otros asuntos. La humanidad está hoy curada de su pasión por hipótesis y sistemas en cuestiones de filosofía natural, y sólo prestará atención a argumentos que se deriven de la experiencia. Ya es hora de que intentemos una reforma semejante en todas las disquisiciones acerca de la moral rechazando todo sistema de ética que, por muy sutil e ingenioso que sea, no esté basado en los hechos y en la observación, por otra parte; hay que considerar las virtudes sociales de la Benevolencia y la justicia.[1]

Valores Morales

Valores morales, como cualidades positivas socialmente aceptadas y requeridas, que al ser comprendidas y orientar la conducta cotidiana, hacen de esta, una conducta ética y socialmente valiosa.

CONDUCTA COTIDIANA

En nuestra conducta cotidiana, como una forma: ordinaria, permanente, espontánea y moral de actuar.

CONDUCTA INDIVIDUAL

En lo individual, esto es, cuando no se requiere el concurso de otras personas para actuar de conformidad a los valores morales.

CONDUCTA COLECTIVA

En lo colectivo cuando, se requiere el concurso de varias personas, para actuar conforme a los valores morales.

MORAL

Como costumbre, o práctica reiterada de conducta valiosas, esto es, buenas por que se incorporan valores morales a ellas, socialmente requeridas a los individuos, grupos y comunidades.

Cualidades Positivas

Cualidades

El concepto cualidades, tiene múltiples acepciones, pero dentro de este contexto, se considera como aquello que "caracteriza o individualiza al objeto"

1 Mellizo Carlos, "Investigación sobre los principios de la moral", Alianza Editorial, Madrid, 1993

En este orden de ideas, el objeto material de la ética lo constituye la conducta humana, a la cual califica el valor moral que incorpora, o la descalifica el contravalor moral que manifiesta.

Positivas

Este concepto, se considera en el contexto, como manifestación activa de la conducta, así como la inclinación humana hacia todo aquello que no causa daño o perjuicio a los hambres , en lo individual o colectivo, en sus dimensiones :físicas, mentales, espirituales y espacial.

Así se tendrá como una conducta calificada como positiva o cualitativamente positiva, aquellas conductas que no causen daños o perjuicios:

a) Al individuo que la realiza,

b) Ala comunicación en la que se manifiesta;

c) Ala sociedad; y

d) Al medio ambiente

Así mismo, se tendrán como conductas no éticas, aquellas que causen dichos daños y perjuicios, en forma, por ser conductas vinculadas a contra valores en los que se fincan las causas de la degradación moral de la sociedad.

Cabe hacer mención que siendo los valores morales cualidades positivas, también se caracterizan por tener en contraposición cualidades negativas o contravalores a los que llamo Hartmann disvalores o vicios.

Entre el grupo de valores morales y sus contravalores, se tiene por ejemplo:

VALOR	CONTRAVALOR
Honestidad	deshonestidad
Veracidad	falsedad
Equidad	Inequidad
Justicia	Injusticia
Responsabilidad	Irresponsabilidad
Libertad	Esclavitud
Respeto	Falta de respeto
Orden	Desorden
Unión	Desunión

Fuente: Propia, 2025

Esta lista de los valores morales, es una muestra de los muchos que deben ser incorporados en el proceder de los hombres, para que sus actos y conductas sean elevadas a hechos morales y se tengan como actos humanos, esto es: racionales, libres, responsables y apegados a los valores morales.

Los valores no existen por si mismos, sino que destacan en un depositario o sostén que, por lo general es de orden corporal.

Los valores no son cosas ni elementos de cosas, sino propiedades o cualidades sui generis, que poseen ciertos objetos llamados bienes.

Por ser cualidades, los valores son entes parasitarios que no pueden vivir sin apoyarse en objetos reales y de frágil existencia, al menos en tanto objetivos de los bienes.

Una característica fundamental de los valores es la polaridad mientras que las cosas son lo que son, los valores se presentan desdoblados en los valores positivos y en correspondiente valor negativo.

Los valores están además ordenados jerárquicamente esto es que hay valores inferiores y superiores la preferencia revela este orden jerárquico al enfrenarse a dos valores, el hombre prefiere comúnmente el superior aunque a veces elija el inferior por razones circunstanciales.

Los valores son bipolares; pero el valor negativo es solo la privación del correspondiente valor positivo

Los Bandos de Policía y Buen Gobierno en los Municipios a Través de la Historia

El municipio en la Nueva España fue regulado por la Constitución Monárquica Española (Constitución de Cádiz) desde 1808. Dispuso que para salvaguardar el orden la tranquilidad y la seguridad de sus poblaciones, deberían formular un Bando de Buen Gobierno y de Policía, en el que se asentaran las disposiciones más relevantes, sobre todo, para la educación, la salud, el comercio, la cristianización, entre otros deberes; así como los derechos de los habitantes. Las primeras constituciones políticas mexicanas, federalistas y centralistas, nada dijeron sobre los bandos de policía y buen gobierno; sin embargo, en los municipios siguió la tradición de que los ayuntamientos, una vez que tomaban posesión de sus cargos, expedían los bandos para regir durante sus periodos. No se trataba de bandos indefinidos en su duración, sino ajustados a las formas de gobernar de cada ayuntamiento. Por ejemplo en la primera Constitución oaxaqueña de 1825, se dispuso como atribución del ayuntamiento dictar las ordenanzas municipales. En la segunda de 1857 promulgada por el gobernador Benito Juárez habló de reglamentos. La Constitución actual promulgada desde 1922, dispuso originariamente el deber de los presidentes municipales para formar el Bando de Policía y las Ordenanzas Municipales. De esta manera, en nuestro sistema jurídico local surgieron tres clases de instrumentos: ordenanzas, reglamentos y bandos de policía. En realidad los tres tienen la misma estructura y los mismos objetivos: velar por el orden, la tranquilidad y la seguridad de los habitantes de los municipios.

La cifra de ayuntamientos oaxaqueños que carecen de bandos o de ordenanzas o de reglamentos, es alarmante: el 90%. Sólo el ayuntamiento de la Ciudad de Oaxaca de Juárez cuenta con ordenanzas y reglamentos y carece de Bando. De los diez principales municipios, sólo en cinco se cuenta con bandos o con reglamentos. En la Mixteca oaxaqueña, sólo el 20% cuenta con bandos o con reglamentos, pero todos carecen de ordenanzas.

En el municipio de Huajuapan de León, desde hace muchos años se sigue la tradición de que el ayuntamiento que entra, formula su bando de policía en el mes de enero, con vigencia únicamente por el periodo de tres años. De tal manera que, el actual ayuntamiento no puede hablar de modificaciones al bando que expidió el anterior ayuntamiento, porque ya concluyó el treinta y uno de diciembre del dos mil siete. Dicho de otra manera, el municipio de Huajuapan de León, el más importante de la Mixteca oaxaqueña, carece de ley administrativa.

Los primeros reglamentos en Huajuapan de León, surgieron en el periodo 1989-92 que presidió el malogrado Luis Guevara Camacho y que concluyó el también panista Fidel Arámburo

García. Fue el reglamento de Panteones el primero. Durante los cuatro periodos de gobiernos panistas (1996-2007), se aprobaron todos los reglamentos que ahora existen. El actual ayuntamiento está obligado a derogarlos (modificaciones) o abrogarlos (suprimirlos) por otros más actualizados, que respondan a las necesidades actuales de orden, tranquilidad y seguridad de los habitantes, porque hace falta. Los reglamentos, ordenanzas y bandos de policía, no están sujetos a la revisión o a la aprobación del congreso estatal y menos aún de funcionarios del poder ejecutivo, por la sencilla razón de que corresponden a la facultad autónoma administrativa de los municipios, siempre y cuando se encuadren dentro de las bases establecidas en la Ley Municipal.

Si un municipio carece de bando, de ordenanzas o de reglamentos, carece de la facultad para sancionar. Y si lo hace, es abuso de autoridad, porque no hay disposición prohibitiva que lo faculte.[2]

2 www.tulancingo.gob.mx/transparencia/leyesmunicipales/BandodePolicia.pdf,(2025)

De tal manera que para algunos bandos de policía y buen gobierno se consideran como Actos Inmorales, a:

Ésta es una palabra compuesta por el prefijo in=negación, contrario a, falta de y moral=bien, bondad, rectitud, por consiguiente inmorales son los actos en los que la moral está ausente, los actos contrarios a la bondad y la rectitud.

Todos traemos por naturaleza un sentido de lo recto y además, familiar y socialmente aprendemos un cúmulo de cosas establecidas como buenas o rectas y a pesar de ello, a veces por error y otras por malicia tendemos a ir en contra de lo que se nos inculca, cayendo en la denominación de cometer actos inmorales.

También generalmente asociamos esta palabra solo con actos relacionados con cuestiones de carácter sexual, pero esa es solo una variante o aplicación de la misma porque nos han enseñado que todo lo sexual es malo, lo cual obviamente no es cierto, pero por eso a cualquier acción con esa tendencia, se le califica de INMORAL.

Algunos de los actos morales y no morales (inmorales) que no necesariamente se refieren a cuestiones sexuales son los siguientes…

ACTOS MORALES	NO MORALES
Compartir	Matar
Dialogar	Robar
Convivir	Mentir
Respetar	Traicionar
Escuchar	Marginar
Ayudar	Excluir
Colaborar	Imponer tu voluntad sobre los demás
Amar	Ignorar
Proteger	Ocultar
Perdonar	Abusar
Educar	Maltratar
Pensar en el beneficio común	Agredir
Apoyar	Insultar
Hablar bien de alguien	Despreciar
Colaborar en beneficio mutuo	aprovecharse de los demás en beneficio propio

Fuente: Elaboración propia, Actos Morales y No Morales, 2025

De las Faltas al Bando de Policía y Buen Gobierno en algunos Municipios

ARTÍCULO 18.- Para los efectos del presente Bando las faltas de Policía y Buen

Gobierno se clasificarán como sigue:

I.- Al Orden Público

II.- A la Seguridad de la Población

III.- A la Moral y a las Buenas Costumbres

IV.- Al Derecho de Propiedad

V.- Al Ejercicio del Comercio y del Trabajo

VI.- Contra la Salud

VII.- Contra el Ambiente y Equilibrio Ecológico

VIII.- De Carácter Administrativo

ARTÍCULO 19.- Son faltas al Orden Público

I.- Perturbar el orden y escandalizar.

II.- Usar un lenguaje contrario a las buenas costumbres.

III.- Consumir o transitar en la vía pública bajo los efectos de estupefacientes, psicotrópicos o cualquier otra sustancia que produzca efectos similares.

IV.- Provocar y/o participar en riñas en la vía pública, lugares públicos, en espectáculos o reuniones públicas.

V.- Impedir, dificultar o entorpecer la prestación de los servicios públicos municipales y de otras autoridades.

VI.- Obstruir o impedir el acceso o salida de personas y/o cosas, a domicilios, instalaciones o edificios públicos o privados, argumentando el ejercicio de un derecho.

VII.- Utilizar aparatos de sonido o instrumentos que produzcan ruido a nivel que cause molestias a vecinos o en la vía pública, efectuar bailes o fiestas sin la autorización correspondiente.

VIII.- Efectuar bailes en domicilios particulares en forma reiterada que causen molestias a los vecinos.

IX.- Realizar manifestaciones o cualquier otro acto público que contravenga las disposiciones a que se refieren los Artículos 6 y 9 de la Constitución Política de los Estados Unidos Mexicanos y Artículo 9 de la Constitución Política del Estado.

X.- Colocar en las plazas, jardines y demás sitios públicos tiendas, cobertizos, techos o vehículos que obstruyan el libre tránsito de peatones o de vehículos, así como la buena imagen del lugar, sin el permiso correspondiente.

ARTÍCULO 20.- Son faltas a la Seguridad de la Población:

I.- No acatar las indicaciones de la Autoridad.

II.- Utilizar las vías públicas para actos de comercio sin la autorización necesaria o realizar juegos que afecten el tránsito peatonal o vehicular y que causen molestias o que pongan en riesgo la seguridad de terceros.

III.- Portar o utilizar objetos o sustancias que entrañen peligro de causar daño a las personas, excepto instrumentos para el desempeño del trabajo, deporte u oficio del portador.

IV.- Lanzar proyectiles o cualquier objeto, así como rayar o dañar de cualquier forma los bienes muebles o inmuebles pertenecientes a terceros, sean de particulares o bienes públicos.

V.- Asistir en estado de embriaguez o bajo la influencia de algún solvente o droga a cines, teatros, y demás lugares públicos.

VI.- Detonar cohetes y/o almacenarlos, hacer fogatas, quemar desechos, basura, follaje o montes, encender fuegos pirotécnicos, o utilizar intencionalmente combustibles o substancias peligrosas que por su naturaleza pongan en peligro la seguridad de las personas, su patrimonio o contaminen el medio ambiente.

VII.- Agruparse con el fin de causar molestias o daños a las personas, a sus bienes o posesiones.

VIII.- Conducir vehículos en estado de ebriedad o bajo los efectos de solventes, drogas o psicotrópicos

IX.- Solicitar con falsas alarmas los servicios de la policía, bomberos, ambulancias o cualquier servicio público asistencial.

X.- Mover las señales públicas del lugar donde fueron colocadas por la autoridad respectiva. XI.- Ingerir bebidas alcohólicas, consumir drogas o inhalar solventes en las calles, banquetas, avenidas, plazas, áreas verdes ó cualquier otro lugar público.

XII.- Permitir los dueños de animales, que éstos causen perjuicios o molestias a terceros; y cuando sean bravíos, que transiten por la vía pública sin tomar las medidas de seguridad adecuadas, advirtiendo del peligro que pudieran ocasionar dentro o fuera de propiedades privadas.

XIII.- Realizar trabajos de reparación fuera de los lugares expresamente autorizados para ello.

XIV.- No contar los propietarios, administradores, gerentes, ocupantes o arrendatarios con las salidas de emergencia necesarias para la adecuada evacuación, en los inmuebles que por su propia naturaleza o por el uso para el que son destinados, reciben una afluencia masiva o permanente de personas.

ARTÍCULO 21.- Son faltas a la Moral y a las Buenas Costumbres:

I.- Expresarse con palabras obscenas, hacer gestos, señas indecorosas en vía pública ó lugares públicos.

II.- Dirigirse o asediar a las personas mediante frases o ademanes soeces.

III.- Inducir o incitar a menores a cometer faltas en contra de la moral y las buenas costumbres o contra las leyes y reglamentos Municipales.

IV.- Permitir a los menores de edad el acceso a los lugares en los que este prohibido su ingreso.

V.- Realizar actos inmorales dentro de vehículos en la vía pública y lugares públicos.

VI.- Sostener relaciones sexuales o actos de exhibicionismo obsceno en la vía o lugares públicos, áreas verdes, terrenos baldíos, centros de espectáculos y sitios análogos.

VII.- Ejercer la mendicidad en la vía pública y lugares públicos.

VIII. - Incitar, permitir, promover o ejercer la prostitución.

IX.- Tratar de manera violenta y desconsiderada a ancianos, niños, minusválidos o personas en desventaja.

X.- Colocar o exhibir imágenes que ofendan al pudor o a la moral pública.

XI.- Permitir los responsables de escuelas, unidades deportivas o de cualquier área de recreación, que se consuman o expendan cualquier tipo de bebidas embriagantes sin el permiso correspondiente, o se inhalen solventes, aerosoles, resistoles dentro de las instituciones a su cargo.

XII.- Enviar a menores de edad a comprar bebidas alcohólicas de cualquier tipo, en los establecimientos comerciales.

XIII.- Realizar actos de exhibicionismo que ataquen la moral y las buenas costumbres.

XIV.- Realizar cualquier acto contra la moral y las buenas costumbres.

XV.- Pernoctar en estado de ebriedad o bajo el influjo de cualquier tipo de droga, en el interior de vehículos, en la vía o sitios públicos.

ARTÍCULO 22.- Son faltas al Derecho de Propiedad:

I.- Maltratar o ensuciar las fachadas de los edificios públicos, monumentos, postes o cualquier otro bien con propaganda y otras sustancias que manchen, deformen o destruyan su imagen.

II.- Causar daños en las calles, parques, jardines, plazas y lugares públicos.

III.- Destruir o afectar las lámparas o luminarias del alumbrado público y en general, cualquier bien que componga el equipamiento urbano del Municipio.

IV.- Dañar, destruir y apoderarse o cambiar de lugar las señales públicas, ya sean de tránsito o de cualquier señalamiento oficial.

V.- Causar daño a las casetas telefónicas públicas, dañar los buzones, cestos de basura o cualquier aparato de uso común colocado en la vía pública.

VI.- Borrar, destruir o pegar cualquier leyenda sobre los nombres y letras con las que estén marcadas las calles del Municipio, rótulos con que se signan las calles, callejones, plazas y casas destinadas al uso público, así como las indicaciones relativas al tránsito de la población.

VII.- Penetrar en lugares o zonas de acceso prohibido.

ARTÍCULO 23.- Son faltas al Ejercicio del Comercio y del Trabajo

I.- Trabajar como prestador de servicios o de cualquier actividad comercial en la vía pública, cuando para desempeñarla se requiera del permiso o licencia de la autoridad municipal y no se cuente con ella, o bien; sin sujetarse a las condiciones requeridas para la prestación de dichos servicios.

II.- Ejercer actos de comercio dentro del área de cementerios, templos, iglesias, monumentos, edificios públicos y en aquellos lugares que por su tradición y costumbre, merezcan respeto, a menos que cuenten con la autorización y el permiso correspondiente para tal efecto.[3]

3 www.tulancingo.gob.mx/transparencia/leyesmunicipales/**Bando**dePolicia.pdf2025.

La Ética y Filosofía como Punto de Partida para una mejor Acotación de TS

El Trabajo Social, como expresión sistematizada de un campo de la práctica social, tiene su propia fundamentación en principios filosóficos tácticos o explícitos. La filosofía ha proporcionado a la profesión:

- Un concepto del hombre y su relación con el mundo.
- Ideales, principios y valores que orientan a la profesión.
- Un fundamento teórico-metodológico para su acción.

De manera real el quehacer profesional del Trabajador Social no se ha sustentado en una sola concepción filosófica; han existido supuestos filosóficos sobre los que se orienta su acción, de ellos se han seleccionado los más significativos, mismos que se encuentran caracterizados por corresponder a dos grandes corrientes, la idealista y la materialista.

En los orígenes de las formas de ayuda, como la caridad, la limosna, la filantropía, ha sido innegable encontrar que su sustentación está dada en el Cristianismo. La fuerza mística constituye un primer impulso del acto de ayudar:" Hacer el bien por amor a Dios", "Hacer el bien por amor al hombre".

El *Cristianismo* no ha dejado nunca de expresarse con respecto a los problemas sociales; a partir de las Encíclicas Rerum Novarum se da un giro de la historia de la Iglesia y de la humanidad, constituyendo estas una posición frente a la realidad social.

Su objetivo es atrapar el profundo mundo de la existencia humana en todo sentido. Cuando el hombre comprende este objetivo en toda su magnitud es cuando empiezan a salir de su individualismo o la comunidad, es el momento en que la humanidad asimila el sentido de lo comunitario. A través del cristianismo se reconocen las posibilidades de todo hombre, de su valor intrínseco, así como de sus derechos sociales. Como ideal de la conducta, se le considera como la democracia perfecta, entendida esta como la cooperación voluntaria e inteligente en pro del bienestar humano mantenida por una buena voluntad del carácter universal. Ha tenido un gran influjo en muchas reformas sociales.

El *humanismo* constituye otra de las piedras angulares en torno a la filosofía del trabajo social, este considera al hombre como un ser de ilimitadas posibilidades, naturalmente bueno y capaz de perfectibilidad y progreso con un mínimo de ayuda externa. Su influencia se deja notar en el asistencialismo paternalista que cuida al individuo y asume la responsabilidad de aquellos que están en situación de inferioridad en su ambiente. Dentro de esta corriente se ubica el Nuevo Humanismo, el cual considera que la realidad de la persona humana como valor supremo, cuya promoción integral hay que posibilitar puesto que en última instancia el auto desarrollo depende de una opción personal e intransferible. En una relación personal que respeta la originalidad propia de cada uno, en la diversidad de la pluralidad.

En el ambiente en el que surgen las escuelas de trabajo social, fue frecuente observar la influencia que el *Liberalismo* tuvo al conceder énfasis en lo asistencial. La acción del trabajador social planteaba adaptación del individuo a la sociedad, por ello métodos y técnicas que se orientan hacia el individuo, a su familia para ayudar a que éste se ayude obtener una mejor calidad de vida, adquiriendo bienes y servicios, logrando a la vez un cambio de actitud hacia sus problemas. El individuo y los grupos constituyen la verdadera esencia; los valores individuales no son superiores a los colectivos. Aunque hay Libertad absoluta del individuo en buscar de sus propios intereses.

El *Positivismo* concedió al trabajo social un discriminado aprecio por todo lo "científico", parte para su análisis e intervención del hecho social. Los planteamientos fueron aportaciones que ayudaron a que el conocimiento se orientar a la dominación científico –técnica. Dentro de la metodología del trabajo social puede destacarse el impacto del positivismo al señalar que el primer paso de la investigación científica para el conocimiento de los fenómenos, es la observación, después viene la experimentación y puede recurrirse a ella, solo cuando el curso regular de un fenómeno puede ser interferido de manera artificial.

En los fenómenos más complejos señala que el mejor método es el de la comparación.

La técnica es fuente de conocimiento, utilizando la entrevista y la observación; mediante ellas se facilita la recolección de datos que al acumularse cuantitativa y cuantitativamente permiten inducir un fenómeno social.

La lógica positiva se da en dos sentidos fundamentales:

a) La descripción que se da como una preocupación por medir y cuantificar los hechos sociales reduciendo el conocimiento a lo dado por la experiencia.
b) La explicación que se da en función a las hipótesis formuladas por la investigación y de la interpretación que él tenga de los fenómenos en una manera lineal y sucesiva hasta llegar a la rigidez y al formulismo de la elaboración de patrones ideales.

Lo más importante de esta corriente es que se basa en la técnica, cuantifica datos para inducir los hechos sociales; su proceso de investigación se basa en la sensorialidad de lo inmediato. La teoría- practica constituyen esferas separadas, pero la práctica de la observancia se deriva de la teoría.

El *Funcionalismo,* es quizá la corriente de interpretación social que ha dejado su indeleble huella en la metodología, en la práctica y en la concepción del mundo en el ámbito del Trabajo Social, éste explica el funcionamiento de la sociedad, de los grupos sociales e instituciones como parte de la sociedad, que se encuentran funcionalmente relacionados con los demás elementos del conjunto social. No efectúa un análisis global o totalizador de la sociedad.

Plantea una neutralidad valorativa en el conocimiento científico.

El análisis de los fenómenos debe estar extenso de función de valor, por lo que el trabajador social no debe tomar posición frente al fenómeno que estudia. Sin embargo, el análisis de los elementos sociales se centra en torno a su importancia funcional para el sistema en cuento tiende a la conservación del mismo. Sus técnicas fundamentalmente son cuantitativas y de análisis de datos.

El sistema social se adapta al mundo social en donde los individuos desempeñan su propio rol. Metodológicamente se basa en conocimientos teóricos que confronta con la realidad social para formular leyes y teorías a fin de explicar los fenómenos sociales; utiliza el método inductivo-deductivo.

Las técnicas que emplea son la entrevista, la observación, estudio de caso, estadística, etc. Los instrumentos son el cuestionario, la cédula, diario de campo, fichas.

El *Pragmatismo,* durante los últimos años constituyo un importante referente, el cual ha establecido que la ciencia es una actividad, es un modo de actuar práctico, dirigido. Su objetivo es la solución de situaciones problemáticas. El conocimiento es producto de la acción humana. Las ideas que guían la acción tienen que ser traducidas en operaciones concretas.

Los valores son el elemento intencional de conducta humana, forman parte de la investigación científica; valores y conocimientos sólo son posibles por unión entre teoría y práctica.

En los últimos veinte años del desarrollo del Trabajador Social en México, el impacto del Movimiento de Reconceptualización en los valores y la metodología tuvo su origen en la filosofía marxista, en éste, el hombre es lo social, si interés particular debe confundirse con el interés social humano. Si por su naturaleza el hombre es sociable, sólo desarrolla su verdadera esencia en la sociedad y la fuerza de su naturaleza no debe medirse mediante la fuerza del individuo particular, sino por la fuerza de la sociedad.

> Afirma el valor del ser en sociedad; el individuo no existe, lo que existe es la colectividad. Esta concepción del hombre nace en contra de la definición del hombre empleada en el liberalismo. El marxismo inicia su relación teórica-práctica a fin de obtener conocimiento científico, parte de la teoría como producto de una experiencia práctica ya sistematizada , obtiene su información de la realidad mediante el uso de modelos metodológicos apoyándose en el materialismo histórico dialéctico, formula conceptos, categorías y leyes para regresar nuevamente a la realidad social y transformarla mediante la praxis.

Dentro de la naturaleza del Trabajo de Bienestar Social y calidad de vida es donde el solicitante entra en relación directa con el trabajador social y presente, desnuda ante éste, una porción mayor o menor de su vida privada. Cuando se proporciona asistencia el trabajador social entra también en el ambiente privado del individuo. Consecuentemente para que el Trabajador Social sea eficaz, depende de que se establezca una buena relación de confianza. La integridad personal del Trabajador Social, es una condición básica para la creación de esta confianza; pero para que su ayuda sea realmente efectiva, deberá llevar a cabo su función en la forma más experta posible.

Será muy útil, definir con precisión las condiciones que el trabajador social debe reunir al realizar sus deberes y que lo guiarán y lo ayudarán en sus prácticas cotidianas. También pondrán en claro ante la comunidad, en que se basa el bienestar social por medio de una buena calidad de vida y que las reglas deben observarse para permitirle su funcionamiento correcto en la sociedad. Más aún, darán una indicación clara para definir exactamente el trabajo de Bienestar Social traducido en una mejor calidad de vida es puesto en práctica y en donde ha dejado de cumplir su cometido

Calidad de Vida: Una Perspectiva Individual

Para comenzar a abordar el tema de calidad de vida, se quisiera recalcar la importancia que tiene el carácter subjetivo de éste. Y para ello nos basaremos en la siguiente definición de subjetivo: (Perteneciente o relativo al sujeto, considerado en oposición al mundo externo. Relativo a nuestro modo de pensar o de sentir, y no al objeto en sí mismo).

En las personas, la forma de sentir o pensar acerca de algo esta influido directamente por los factores del entorno, en especial, la cultura. De esta manera, si se graficara el proceso, las personas (definidas como seres sociales) se transforman en la intersección de éstos factores, es decir, "nosotros, los seres humanos operamos en nuestra vida en muchos y diferentes dominios de realidad, los cuales como diferentes redes de conversaciones y explicaciones se intersectan en nuestros cuerpos. En otras palabras, el ego es un modo dinámico en un espacio multidimensional de identidades humanas, y el yo – el humano individual – es la corporalidad que realiza la intersección de las redes de conversaciones que constituyen el ego". Si se le da otra lectura a éste planteamiento, se puede decir que sostiene que los seres humanos poseen encapsulada cierta forma de sentir y pensar (nuestra subjetividad), es decir, el propio vivenciar subjetivo se ve limitado por la cultura en la que se está inserto, de esta manera, si una mujer Africana está a punto de contraer matrimonio no va a sentir y pensar lo mismo acerca del matrimonio que una mujer Mexicana que esté en la misma situación, simplemente porque son dos personas distintas que se construyeron en lugares distintos, con características distintas, con representaciones sociales distintas y rituales distintos de matrimonio.

De acuerdo a lo anterior, si se está determinado por la cultura en la que se esté inserto, podría pensarse que la calidad de vida se daría igual para las distintas culturas y entonces pudiera definirse el concepto abordando los distintos factores de cada cultura, pero no basta con eso. Hay un espacio en el medio de las intersecciones de factores que influyen en el accionar como la tan mencionada cultura, la historia personal, la ubicación sociocultural y geográfica en donde se nace, etc. Y ese espacio es lo que le da a cada persona su manera de sentir la vida, sus expectativas, sus metas, sus deseos, su sentido de vida, etc. Y que se relaciona directamente con la libertad (siempre entendiéndola como limitada por los factores del entorno). "La libertad, rectamente comprendida es un cumplimiento por la persona de la ordenada secuencia de eventos de su vida.

La persona libre se mueve voluntaria, libre y responsablemente para desempeñar su importante papel en un mundo cuyos eventos determinados pasan por él y por su elección y voluntad espontánea". Es ésta libertad la que diferencia el ser de cada persona, ese espacio que queda en el corazón y que está intersectado por muchos factores es lo que hace elegir cosas distintas, en otras palabras es la subjetividad propia. Desde esta perspectiva, no se puede hablar de calidad de vida sin considerar las diferencias individuales, sin considerar la importancia de lo subjetivo que rodea a ésta y lo más importante sin olvidar que se está hablando de la felicidad de las personas.

En este sentido, es interesante preguntarse qué tanto tiene en consideración la subjetividad, las diferencias personales y la espiritualidad (tales como las vivencias, experiencias, estilos de crianza, lugar de nacimiento, entre otros) al momento de definir el concepto de calidad de vida y bienestar subjetivo. Estos factores cumplen un rol fundamental en lo que la persona va a entender o va a buscar para su bienestar subjetivo o calidad de vida y cómo enfrentarán las adversidades.

Si bien en el último tiempo se ha avanzado hacia una concepción post material en lo que se refiere a las formas en que las personas obtendrían bienestar subjetivo, aún se manejan teorías que no abordan los aspectos más espirituales y subjetivos por medio de las cuales se comprende el mundo y se construye la realidad. Es comprensible que cuando se trata de organismos que desean implantar políticas o mediciones de calidad de vida dentro de alguna población (por ejemplo, la OMS), sea necesario operacionalizar el concepto en elementos más "objetivos" u observables y que se hace más difícil abocarse a elementos más individuales o subjetivos. En este sentido, Wilson ha sido acertado en lo que se refiere al planteamiento de necesidades centrales dentro de las diferentes culturas, como por ejemplo la alimentación, las que podrían utilizarse en este sentido. Pero también cada persona encontrará la forma de utilizar los satisfactores y de suplir sus necesidades.

En las sociedades actuales existe una tendencia a sentir temor a vivir el día a día, a mirar hacia delante y no ver nada. Al plantear metas se hace real el futuro, lo que permite, de alguna forma apaciguar la ansiedad que ello produce, mejorando la calidad de vida y obteniendo bienestar subjetivo.

Dentro de las teorías cognitivas, es la de comparación social la que mejor plantea aspectos subjetivos en el concepto de calidad de vida. Esta teoría es bastante real, en el sentido que dentro de las sociedades la comparación existe en la mayoría de los ámbitos. En cuanto a la subjetividad, se plantea que la comprensión de comparación es parte de las elaboraciones de la persona; la forma en que construye el mundo le va a dar a entender las pautas por las cuales debe recibir la información que le entregan las demás personas; de acuerdo a la imagen que tenga de sí misma va a compararse con realidades "mejores" o "peores". Todo esto dependerá de la propia concepción de su realidad, de su vida personal, de sus vivencias, cultura, tradiciones, usos o costumbres, etc.

Es necesario una observación de la propia vida y de la propia realidad para llegar a una conclusión luego de hacer una comparación con otras personas o grupos, lo cual es parte de un proceso evidentemente subjetivo, ya sea cognitivo o emocional. A partir de esto, de las comparaciones, la persona considerará el propio bienestar subjetivo o calidad de vida.

Esta teoría plantea también la imposibilidad de que la persona logre bienestar subjetivo si sus cercanos significativos no lo poseen o no se encuentran bien. En esto se encuentran involucrados factores emocionales, por lo tanto, subjetivos. En cuanto a las teorías que no consideran la subjetividad dentro de sus planteamientos, se cree que la teoría de la actividad es una de ellas, ya que es demasiado amplia en su concepción, en el sentido que no especifica qué se entenderá por actividad, o si existe elaboración por parte de la persona al momento de realizar la actividad. Es posible deducir que sería la actividad por sí misma la que otorgaría bienestar subjetivo, sólo realizándola se obtendría. En base a esto se considera que es bastante reduccionista y deja de lado elementos relevantes al momento de hablar de personas que se encuentran insertas en una sociedad, entre éstos, los factores personales, las diferentes concepciones de actividad, las historias de cada persona, es decir, los componentes que conforman la subjetividad de la persona.

Siempre desde el eje de la subjetividad, el hecho de entender conceptualmente "calidad de vida", se requiere comprender que, al concebirse: "vida" se hace referencia a una forma de existencia superior a lo físico únicamente puesto que se debería considerar el ámbito de relaciones sociales del individuo, sus posibilidades de acceso a los bienes culturales, su entorno ecológico-ambiental, los riesgos a que se encuentra sometida su salud física y psíquica, entre otros elementos; en otras palabras, además de sus nexos con los demás en la esfera social y comunitaria, trasciende a su individualidad.

Pues bien, por lo tanto, Calidad de Vida es un concepto relativo que depende de cada grupo social y de lo que éste defina como su situación ideal de bienestar por su acceso a un conjunto de bienes y servicios, así como al ejercicio de sus derechos y al respeto de sus valores morales, principios éticos, costumbres, tradiciones, usos y costumbres; es así como cada grupo social identifica las tendencias en materia de bienestar, por ello se hace preciso diferenciar los diversos modos de vida, aspiraciones e ideales, éticas e idiosincrasias de los conjuntos sociales, para distinguir los diferentes eslabones y magnitudes, pudiendo así dimensionar mejor las respectivas variaciones entre unos y otros sectores de la comunidad, por citar un ejemplo, en el caso de las sociedades que ya han resuelto sus necesidades básicas, en términos de bienes y servicios, sus objetivos de bienestar se orientan más hacia la realización personal familiar y profesional del grupo social, es decir, dada la existencia de sociedades más desarrolladas que otras, los estándares de bienestar son diferentes y así las definiciones de calidad de vida. Y tal como plantea Blanco (1988).

Los valores, apetencias e idearios varían notoriamente en el tiempo y al interior de las esferas y estratos que conforman las estructuras sociales. La calidad de vida estaría además construida histórica y culturalmente con valores sujetos a las variables de tiempo, espacio e imaginarios, con los particulares grados y alcances de desarrollo de cada época y sociedad, y su consecuente forma particular de mirar el mundo: Subjetividad. Explicado de otra manera, sería utópico aspirar a la unificación de un único criterio de calidad de vida.

Desde lo anterior, el concepto calidad de vida es considerado como subjetivo y que a través de todo el mundo la calidad de vida varía en la cultura en la cual se enmarque, en el espacio y en el tiempo. Gallopin (1980), menciona que precisamente el punto central depende de la situación, y que el conjunto de las variables ambientales más pertinentes puede y debe ser diferente en diversos contextos. Lo que en un medio ambiente determinado es positivo o negativo, dentro de ciertos limites extremos inferiores y superiores, puede cambiar mucho según las distintas situaciones y, salvo en el caso de variables como las que influyen en la salud humana (que es una tendencia objetiva de la calidad de la vida), resulta casi imposible ordenar la calidad del medio ambiente sobre una base universal.

No obstante, existen tendencias por así llamarlos, que se consideran como básicas para poder evaluar una vida como poseedora de calidad o bien tendencias objetivas, estas son fundamentalmente la satisfacción de las necesidades básicas tal y como lo planteó Maslow con su pirámide de necesidades básicas, primarias, secundaria y terciarias, etc. y ello queda en evidencia si se le pregunta a una persona qué es calidad de vida, muchos lo relacionan con el acceso a un trabajo digno y bien remunerado que les permita acceder a bienes y servicios básicos como vivienda, educación, salud y nutrición, servicios públicos, movilidad vial, recreación, seguridad, entre muchos otros.

La evaluación del concepto presenta una situación parecida. Para algunos autores los enfoques de investigación de este concepto son variados, pero podrían englobarse en dos tipos: Enfoques cuantitativos, cuyo propósito es operacionalizar la Calidad de Vida. Para ello, han estudiado diferentes tendencias: Sociales (se refieren a condiciones externas relacionadas con el entorno como la salud, el bienestar social, la amistad, el estándar de vida, la educación, la seguridad pública, el ocio, la cultura, los valores el respeto, la moral la ética, el vecindario, la vivienda, etc); Psicológicos (miden las reacciones subjetivas del individuo a la presencia o ausencia de determinadas experiencias vitales); y Ecológicos (miden el ajuste entre los recursos del sujeto y las demandas del ambiente) y, Enfoques cualitativos que adoptan una postura de escucha y atención a la persona mientras relata sus experiencias, desafíos y problemas y cómo los servicios sociales pueden apoyarles eficazmente.

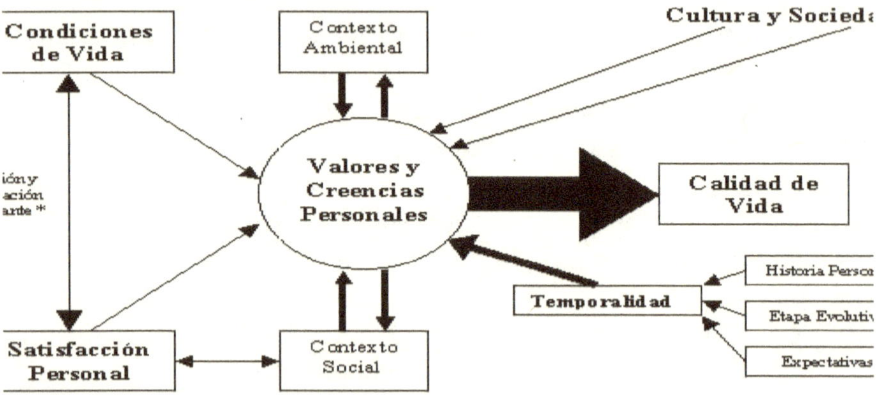

Fuente: Calidad de Vida desde la Subjetividad 2025

Por otra parte para contar con una buena calidad de vida se toma en cuenta varios elementos y factores entre ellos, familia la cual, constituye la célula fundamental de toda sociedad; importantísima forma de organización de la vida cotidiana que cumple funciones destacadas en el desarrollo biológico, psicológico y social del hombre.

Desde el punto de vista económico, constituye una unidad de producción y reproducción de bienes y valores materiales. La familia tiene tres funciones importantes: bio-sico-social, educativo-cultural y económica.

Esta última se ejerce por medio de la realización de las actividades productivas para garantizar la integridad de sus miembros.

El hogar constituye el hábitat del hombre, el lugar donde satisface necesidades materiales y espirituales, y donde se crean las bases para su participación social.

El impacto que produce la ocurrencia de un acontecimiento de la vida tiene repercusiones afectivas, cognitivas y conductuales en el individuo, no sólo por el hecho como tal, sino por el significado que éste le atribuye en el conjunto de valoraciones personales y en dependencia de la percepción de eficiencia que el sujeto tenga sobre el control del acontecimiento.

Existe una serie de acontecimientos que tienen carácter accidental y que, por lo general, tiene significado negativo, porque se relacionan con pérdidas inesperadas, como puede ser la muerte de un hijo, de uno de los padres o de un familiar antes del período comprendido en la esperanza de vida, una muerte violenta.

También son acontecimientos relacionados con situaciones que afectan la moral, la integridad según sus patrones valorativos aquellos como la infidelidad, la drogadicción, la conducta antisocial, una madre soltera o la presencia de enfermedades crónicas, infecciosas, invalidantes y sus secuelas.

Otro elemento es contar con una vivienda saludable misma que debe fomentar la salud física y mental de sus moradores, proporcionarles seguridad psíquica, vínculos físicos con su comunidad y su cultura, y un medio para expresar su identidad. El hogar debe proteger al trabajador y sus familiares contra enfermedades transmisibles, traumatismos, intoxicaciones y enfermedades crónicas, mediante la reducción al mínimo de los factores de estrés psicológico y social, el mejoramiento del entorno habitacional y su uso correcto; debe cumplir los siguientes requisitos.

1. Tener el número de habitaciones, la superficie útil y la ubicación adecuada desde el punto de vista de la higiene y de las necesidades de una vida conforme a las normas culturales y sociales. Sin hacinamiento.

A. Cuando la vivienda tiene sala y comedor, existe hacinamiento si el cociente de dividir el número de habitantes entre el número de dormitorios es mayor de tres.

B. Cuando la vivienda carece de sala y comedor, existe hacinamiento si el cociente de dividir el número de habitantes entre el número de dormitorios es mayor que dos.

2. Poseer una disposición que permita a los ocupantes aislarse cuando lo deseen y evitar las molestias procedentes del exterior.
3. Contar con un separación adecuada entre los dormitorios de adolescentes y adultos de distintos sexos, salvo en los casos de matrimonios. Y entre la vivienda propiamente dicha y los locales de los animales domésticos.
4. Disfrutar de abasto de agua potable en cantidad suficiente.
5. Disponer de un sistema higiénico de disposición final de residuales líquidos y sólidos.
6. Poseer instalaciones adecuadas para el baño y el lavado.
7. Disfrutar de instalaciones adecuadas de cocina, despensa y armarios para enseres domésticos y efectos personales.
8. Tener protección adecuada contra el calor, frío, el ruido y la humedad.
9. Tener ventilación suficiente y aire interior exento de sustancias toxicas o nocivas.
10. Poseer suficiente iluminación natural y artificial.

En conclusión, ella debe proteger contra las enfermedades transmisibles y no transmisibles, el estrés y otros factores adversos, así como ofrecer seguridad a sus habitantes. Por otra parte otro elemento a considerar es el ambiente laboral el que determina totalmente las relaciones sociales del colectivo y los límites de la conducta del trabajador.

En este sentido, se deben considerar:

- Los planes y propósitos de la institución.
- Las circunstancias socio-económicas del momento histórico.
- La pertenencia de los miembros a otros grupos.
- La cultura (normas y valores) de la sociedad de la cual forma parte el grupo.

Para el colectivo laboral, el ambiente y sus influencias serán diferentes, según la subjetividad del trabajador.

De lo anterior se deriva que el cubrir con lo elementos mínimos necesarios se estaría hablando de un concepto actual de calidad de vida en el que se contempla y bienestar social. El término se utiliza en una generalidad de contextos, tales como sociología, ciencia política, estudios médicos, estudios del desarrollo, etc. No debe ser confundido con el concepto de estándar o nivel de vida, que se basa primariamente en ingresos. Indicadores de calidad de vida incluyen no solo elementos de riqueza y empleo sino también de ambiente físico y arquitectural, salud física y mental, educación, recreación y pertenencia o cohesión social, un indicador común para medir la calidad de vida es el Índice de Desarrollo Humano (IDH), establecido por las Naciones Unidas para medir el grado de desarrollo de los países a través del Programa de las Naciones Unidas para el Desarrollo (PNUD), cuyo cálculo se realiza a partir de las siguientes variables

- Esperanza de Vida
- Educación (En Todos Los Niveles)
- PBN Per Cápita

Por calidad de vida se entiende como.- la capacidad que posee el grupo social ocupante de satisfacer sus necesidades con los recursos disponibles en un espacio natural dado. Abarca los elementos necesarios para alcanzar una vida humana decente. Actualmente, es un esfuerzo de toda acción política tanto a nivel nacional como a nivel internacional para lograr dignidad en la vida humana; por otro lado, es un fruto del trabajo, de la organización social, de la misma tecnología, y sobre todo, del buen uso del medio ambiente. Es el replanteamiento de economía orientada por un nuevo humanismo, donde el progreso económico se armoniza con el progreso social. Es un nuevo enfoque hacia la problemática del cambio contemporáneo, a la par que significa una modificación fundamental en la discusión del tema del desarrollo

Además, parte del cuestionamiento al valor del crecimiento económico, como única medida de progreso social; de la consideración de los efectos no deseados del crecimiento y de la realidad de crecientes desigualdades económicas y sociales a nivel internacional. Dentro de lo sociopolítico, señala una meta de orientación general, al mismo tiempo que critica los métodos tecnocráticos. Integra lo cualitativo y cuantitativo del crecimiento en cuanto a desarrollo humano

De tal forma que calidad de vida es un concepto con un contenido eminentemente valorativo. En primer lugar, debe plantearse qué se define como "vida", "vida humana" y "calidad" en referencia a la vida humana. Existen variados criterios técnicos, éticos y subjetivos para analizar y alcanzar un consenso sobre qué es calidad de vida, siempre sin perder de vista que para cada grupo humano, cultura, lugar o época, este concepto puede ser diferente. La calidad de vida como modelo conceptual es una definición imprecisa y la mayoría de los investigadores coinciden en que no existe una teoría única que la defina y explique.

En las antiguas civilizaciones, se asociaba al cuidado de la salud personal, luego se centró en la preocupación por la salud e higiene pública y con posterioridad, se extendió a los cambios humanos y laborales. Así, hasta incluir sucesivamente, la capacidad de acceso a los bienes económicos y la preocupación por la experiencia del individuo en su vida social, en su actividad cotidiana.

En este transcurso, los indicadores evolucionaron desde la vertiente de las condiciones de vida hasta la experiencia -percepción, valoración- de estas condiciones. Calidad de vida se ha definido como:

a. La calidad de las condiciones de vida de una persona.

b. La satisfacción experimentada por la persona con dichas condiciones vitales.

c. La combinación de componentes objetivos y subjetivos, es decir, las condiciones de vida y la satisfacción con ellas.

d. La combinación de las condiciones de vida y la satisfacción personal ponderadas por la escala de valores, aspiraciones y expectativas personales.

Bienestar optimo del sujeto desde el punto de vista biológico, psicológico y social, con un equilibrio ecológico adecuado, en los elementos abióticos, bióticos, socioculturales del ambiente.

La calidad de vida es construida desde la realidad del ser humano, donde todos los individuos (grupo/comunidad) construyen su realidad en relación con una problemática común, en este caso, la calidad de vida en una comunidad, está más allá de sus limitaciones económicas. El análisis del factor económico, a pesar de que ha sido considerado él más importante, ha sido aislado también de factores como los ambientales, socioculturales (Valores morales y principios peticos), y biológicos que en interacción componen al ser humano.

Desde una concepción integradora la calidad de vida, puede ser concebida como el resultado de las relaciones que establecen los individuos y las comunidades con los elementos bióticos y abióticos del medio. Evidenciar las concepciones que sobre este tema o sus equivalentes que tienen las personas y las comunidades, respetando sin aislar las variaciones generacionales, genéricas, tradicionales, entre otras que se puedan presentar, construyendo en comunidad, por medio de la aceptación del otro y en la convivencia un bienestar colectivo e individual

A la calidad de vida se le suele relacionar con los de: vida agradable, bienestar, progreso social, satisfacción, etc, o lo que es lo mismo, con todo aquello que se desea para el bienestar humano. Es así como nos acercamos un concepto real y actual de lo que es **calidad de vida** el cual puede entenderse como el conjunto de condiciones formales y materiales necesarias para la configuración de una vida auténticamente humana o humanizada, esto es, con plenitud, satisfacción, bienestar, dignidad, etc.

Una de las mayores aspiraciones de los seres humanos es vivir más y con mayor bienestar. Por eso la salud no sólo debe estar referida a la prolongación de la vida, sino al mantenimiento y mejora de su calidad.

La calidad de vida es un imperativo personal y social dotado de cierta significación ética, moral, es decir, define unas normas o elementos fundamentales de la vida social a las cuales habrá que remitirse para establecer el bien humano común.

Si tomamos la definición que dio la OMS, podemos definir la calidad de vida como “la percepción del individuo de su situación en la vida, dentro del contexto cultural y de valores en que vive, y en relación con sus objetivos, expectativas, valores e intereses”.[4]

Otro aspecto a destacar en el término de calidad de vida es el carácter multiforme del concepto calidad de vida. Concepto que se encuentra en función de las necesidades o exigencias que requieren las personas ancianas por ejemplo

OBJETIVO

El aspecto objetivo tiene que ver con la utilización del potencial intelectual, emocional y creador del ser humano

SUBJETIVO

El aspecto subjetivo viene dado por el grado de satisfacción de los individuos y por la percepción que éstos tengan de sus condiciones globales de vida

Por tanto Calidad de vida como tal, tiene una doble dimensión: la objetiva y la subjetiva como se menciono en párrafos anteriores la calidad de vida en los ancianos estos aspectos no escapan de ser analizados de tal manera que. El aspecto objetivo tiene que ver con la utilización del potencial intelectual, emocional y creador del ser humano, así como con las condiciones sociales y con las circunstancias externas en las que se desarrolla su

4 OMS, ONU; 2025

existencia (ingresos económicos, nivel de vida, estado de salud, relación familiar y social, etc.).

El aspecto subjetivo viene dado por el grado de satisfacción de los individuos y por la percepción que éstos tengan de sus condiciones globales de vida (apego a la vivienda, al círculo de amigos, a tradiciones, a objetos que le acompañaron, etc.), quedando traducidas estas percepciones en sentimientos positivos o negativos. El aspecto objetivo puede ser relativamente fácil de medir, sin embargo, en el aspecto subjetivo puede resultar más complicado, sobre todo cuando la persona anciana no pueda ser consciente de esa autopercepción y valoración personal. En estos casos la valoración de la calidad de vida deberá hacerse de manera externa, esto es, por otros (ya sean cuidadores o profesionales). Y ahí puede radicar uno de los mayores problemas éticos: que otro asuma la percepción y la valoración de la calidad de vida de una persona anciana.

En este sentido, la ética de la calidad de vida representa una contribución realmente importante y valiosa para la formulación y reflexión bioética actual. A pesar de que la calidad de vida no es un concepto ético universalizable, primero por su complejidad objetiva/subjetiva, y segundo, por la dificultad de adaptarlo a cada situación concreta, sí podemos decir que es uno de los pilares básicos sobre los que habrá de sostenerse una ética de la ancianidad y, por extensión, una ética asistencial hacia estas personas, máxime cuando estén enfermas o requieran cualquier tipo de cuidado el bienestar humano n solo se considera únicamente en términos cuantitativos son también de manera cualitativa.

A manera de reflexión a lo largo del tiempo, el concepto de Calidad de Vida ha sido definido como la calidad de las condiciones de vida de una persona, como la satisfacción experimentada por la persona con dichas condiciones vitales, como la combinación de componentes objetivos y subjetivos, es decir, Calidad de Vida definida como la calidad de las condiciones de vida de una persona junto a la satisfacción que ésta experimenta, y, por último, como la combinación de las condiciones de vida y la satisfacción personal ponderadas por la escala de valores, aspiraciones y expectativas personales, no obstante, se estarían omitiendo aspectos que intervienen directamente con la forma de interpretar o no las situaciones como positivas o no, es decir, aspectos que influyen la escala de valores y las expectativas de la personas: la cultura.

Adicionando a las concepciones anteriores el aspecto cultural, considerando a priori que ya existe cobertura de ciertas necesidades básicas para la sobrevivencia del ser humano, ya que si ellas no se encuentran cubiertas no puede ascenderse o construir. Pues bien, Se concibe al ser humano inmerso dentro de sociedad enmarcada en un lugar determinado (físico e histórico) y una cultura que ha adquirido mediante socialización; ambos elementos regulan e incluso limitan -si bien no de forma terminante- las concepciones de mundo del sujeto. Desde esta arista, el sujeto se ubica para evaluar más o menos consciente lo que le acontece y, sin duda, no es sencillo, puesto que aquel proceso se encuentra mediado por una cantidad de factores anexos a los globales, por nombrar algunos: el nivel evolutivo, la comparación con otros, su historia personal, el momento actual, las expectativas futuras, etc. Todo ello se conjuga y permiten que el sujeto a cada momento de la vida, la conciba de cierta forma, y la vivencie acorde a dicha evaluación.

Por último, si bien se ha planteado calidad de vida desde una evaluación mediada por una multiplicidad de factores, no podemos obviar las características personales, el estado que se adiciona al resto de los factores antes mencionados complejizando más aún este proceso, desde aquí rescatamos la subjetividad, esta forma de concebir el mundo tan particular como humanos existen en la Tierra, que a la vez está mediada por el proceso de socialización y la ética, la moral las costumbres o los usos, la cultura en la cual se desenvuelve y lo prepara, dirige y regula en su actuar diario.

Pues bien, la calidad de vida es una categoría multidimensional, presupone el reconocimiento de las dimensiones materiales, culturales (valores éticos, morales), psicológicas y espirituales del hombre, combate el concepto de hombre unidimensional, multidimensional y uniforme que lo obliga a desplegar mucha creatividad para aprender la diversidad humana.

Lo anterior se acopla a la perfección a la mayoría de las tendencias actuales quienes rechazan el concebir al humano como ser lineal, ello se considera obsoleto, ya que desde su misma corporalidad la complejidad el ser humano es indescriptible, por ello acercarse a los procesos desde una forma holística permite mayor comprensión de esta madeja de factores mutuamente influyentes; por ello el concepto de Calidad de Vida depende en gran parte de la concepción propia de mundo que tiene el sujeto en particular: la interpretación y valoración que le da a lo tiene, vive y espera. En otras palabras y a modo de síntesis se recalca el valor de la interpretación que se realiza a los hechos y lo objetivo que se tiene en la vida, es decir, el valuarte inmensurable de lo subjetivo: “los lentes con los que nos paramos y vemos el mundo”.

Sin duda el Decálogo elaborado por ***Eduardo Juan Couture***, nos ha influenciado de manera muy relevante durante toda nuestra formación como abogados así como también en la formación como Trabajadores Sociales y es por ello que rindiendo un tributo a este decálogo haciendo un símil con nuestra querida profesión de Trabajo Social dando los créditos a nuestro querido y citado autor.

Dado que este decálogo es una guía ética y moral de conducción para todos los y las abogadas defensores de causas nobles así como para todo profesionista de trabajo social que de igual manera defienden las nobles causas de las personas con diversa problemáticas socio-jurídicas.

Decálogo del Trabajo Social en su Labor Diaria

1° Prepárate.- El Trabajo Social se transforma constantemente. Si no sigues sus pasos, serás cada día un poco menos Trabajador Social.

2° Piensa y Practica.- El Trabajo Social se aprende estudiando, pero se ejerce Practicando.

3° Trabaja.-El Trabajo Social es una ardua profesión que demanda tiempo y esfuerzos constantes puestos al servicio de las Instituciones y de la sociedad en su conjunto

4° Lucha.- Tu deber es luchar por el Trabajo Social en pro de dar una mejor y humana atención al que requiera del servicio

5° Sé Leal.- Para con tu institución, Paciente, Grupo, a los que no debes abandonar hasta que comprendas que has hecho algo por éstos, aún cuando no se lo merezcan;

6° Tolera.- Esta Profesión es de aguante, tolera la verdad ajena en la misma medida en que quieres que sea tolerada la tuya.

7° Ten Paciencia.- Las cosas caen por su propio peso el tiempo se venga de las cosas que se hacen sin tu valiosa participación.

8° Ten Fe.- Ten fe en el Trabajo Social que realizas para lograr mejoras en el desarrollo y calidad de vida de las personas que atiendes.

9° Olvida.- Todo aquello que perjudique a tu persona y a nuestra noble profesión. Si en cada batalla fueras cargando en tu alma rencor, llegara un día en que la vida será imposible para tu persona y seres que te rodean.

10.- Ama Tu Profesión.- Valora y considera al Trabajo Social como la mejor de las profesiones de tal manera que el día en que algún amigo o familiar te pida una opinión de que profesión estudiar, consideres el honor de proponerle que se haga Trabajador(a) Social.

Glosa del Decálogo del Trabajador Social

1º. Estudia

El Trabajo Social se transforma constantemente. Si no sigues sus pasos, serás cada día un poco menos Trabajador Social.

La Importancia de la Profesionalización del Trabajo Social en la actualidad.

El avance y evolución de la carrera de Trabajo Social se halla enlazada indisolublemente al desarrollo de la humanidad, pero su proceso de gestación e irradiación hacia todo el orbe es producto y creación de la modernidad occidental. Como quehacer profesional sus objetivos, metas y finalidades, siempre han estado fuertemente vinculados a solventar los intereses del sistema económico de la modernidad occidental: el Capitalismo, el neoliberalismo y la mundialización económica hoy en día han fomentado esa evolución del Trabajo Social en la actualidad.

En el caso de México, el Trabajo Social surge ligado estrechamente al fortalecimiento, expansión y modernización del Estado posrevolucionario, fundamentalmente por las urgencias requeridas por la matriz social del mismo para consolidar un marco institucional necesario para concretizar las demandas sociales después de la lucha armada de 1910.

Por ello, de acuerdo a los antecedentes del Trabajo Social en México, se puede afirmar que desde los inicios de la década de los 20's y hasta 1933, las instituciones estatales relacionadas con las áreas sociales se van a dar a la tarea de capacitar personal para operativizarlas, planeando y realizando labores y actividades de ayuda al necesitado y auxiliado a otros profesionales inmersos en las áreas sociales.

En este caso es interesante mencionar que en México, el Trabajo Social aparece primero como una labor profesional reconocida y legitimada dentro de las instituciones sociales y de los espacios comunitarios, para posteriormente dar paso a la creación de una carrera formadora de ese personal técnico. Por ello, las funciones profesionales de Trabajo Social van a ser reconocidas por las instituciones antes de que el mismo Trabajo Social sea reconocido oficialmente como profesión y como carrera.

En ese sentido, el personal encargado de realizar las funciones de Trabajo Social, conocido también como investigadoras de la beneficencia, inspectora de la beneficencia, enfermeras visitadoras o promotoras sociales, fueron formadas a través de cursos cortos de "Social Work" en los Estados Unidos y Europa, algunas otras fueron capacitadas en la Escuela de Higiene de la Ciudad de México, creada en 1926, y otro porcentaje significativo se forjó con las experiencias laborales sin una capacitación previa en los ámbitos sociales.

Con la apremiante necesidad de contar con un personal específicamente preparado para intervenir y operar las diferentes instituciones sociales, se crea en 1933 la primera escuela de trabajo social denominada Escuela de Enseñanza Doméstica y Trabajo Social, adscrita a la Secretaria de Educación Pública. Misma que contaba con los siguientes requisitos para que las alumnas pudiesen ingresar a cursarla, con una duración de 3 años, y eran los siguientes:

- ser mujer
- presentar certificado de educación primaria
- Presentar carta de buena conducta

El objetivo central de la escuela era formar profesionales que dieran respuesta a los problemas que tenían su origen en la pobreza y enfermedad, así como proporcionar ayuda y asistencia técnica para la prevención y eliminación de obstáculos personales y ambientales que proporcionaran el bienestar humano individual y colectivo, para lograr un armónico funcionamiento social del individuo.

El plan de estudios de la carrera de Enseñanza Domestica y Trabajo Social se integraba con las siguientes materias:

Primer año.	Segundo año.	Tercer año.
Dibujo	Enfermería	Dibujo constructivo
Lengua Nacional	Estadística	Economía domestica
Economía domestica	Conservación de frutas y legumbres	Dietética
Corte y confección	Documentación	Lienzería
Lienzería	Física y química	Corte y confección
Aritmética	Puericultura	
Botánica y Zoología	Corte y confección	
Cocina y Repostería	Economía domestica	
Aplicado y Remiendo	Dietética	

Fuente: Elaboración propia, 2025.

Con base al currículum pionero del Trabajo Social, se identifica al Trabajo Social como una extensión social de las labores domesticas desarrolladas por mujeres, de acuerdo a la concepción sociocultural tradicional donde lo femenino se identifica con actividades de naturaleza privada y de menor jerarquía frente las acciones de trabajo masculino.

La formación académica estaba orientada a asignar funciones micro sociales auxiliares, complementarias o subalternas, capacitando técnica y manualmente en las áreas de economía domestica–familiar y de la salud, dejando de lado la posibilidad de incidir técnicamente en los ámbitos macro sociales o comunitarios, relacionados íntimamente con las actividades socio-educativas.

Asimismo, el plan de estudios carecía de materias que aportaran marcos globales de interpretación de la sociedad, por lo que se formaba profesionales con una visión histórica, atomística, sin una metodología clara en la atención individualizada o grupal con una pobre y fragmentada visión de la problemática social.

Sin embargo es importante mencionar que el Trabajo Social mexicano surge en un espacio social contradictorio y dicotómico, contextualizado por la necesidad de fortalecer al novel Estado emanado de la revolución, y por ello, a la vez que surge una figura profesional implementadora de lineamientos sociales, sus expresiones y orientaciones profesionales se originaron a partir de dos vertientes o posturas contradictorias inspiradas de su ser y de su quehacer: una postura integradora- adaptativa - dominadora, operando mecanismos para relativizar y mediatizar problemas y necesidades individuales y sociales; y una postura pluralista- liberadora - emancipadora, basada en el apoyo a acciones sociales de transformación social propuestas por los gobiernos post-revolucionarios, mismas que se desarrollaran en las etapas históricas de la consolidación institucional de Trabajo Social.

De acuerdo al análisis del periodo de la profesionalización de Trabajo Social en México, se pueden identificar los siguientes argumentos que identificaran a los inicios de la novel profesión:

- El trabajo social como quehacer profesional será una extensión social de las labores domesticas desarrolladas por mujeres.
- Las trabajadoras sociales tenderán a desarrollar actividades específicamente técnico- operativas y de apoyo o auxiliaridad.
- La inicial labor profesional de las trabajadoras sociales muestra una evidente orientación asistencialista, es decir, buscando incidir en los efectos de los problemas sociales sin considerar las causas generadoras.
- Las trabajadoras sociales serán capacitadas para construir respuestas a problemáticas sociales ajenas, además de contener e institucionalizar una relación de verticalidad con respecto a los sectores sociales en situación social desventajosa.
- La profesión estará imbuida de un reconocimiento del origen de la desigualdad social a partir de la causación individual o grupal.
- Las funciones de las trabajadoras sociales estaban orientadas a integrar o adaptar a los individuos disfuncionales a un sistema social armónico.[5]

Por otra parte el trabajo social se ha caracterizado por presentar tres tipos de prácticas profesionales a lo largo y ancho de su historia y que son las siguientes:

LA DECADENTE, LA DOMINANTE y LA EMERGENTE

Práctica de Trabajo Social Decadente, en donde el campo de acción se operativiza en la asistencia social, con una mentalidad en la que se concibe su actuar como un técnico para hacer caridad, para la beneficencia y la filantropía, como un auxiliar del nivel técnico intermedio, útil para ayudar en las acciones del médico y/o abogado. En este campo profesional su objeto de intervención es el sujeto pasivo al que se le "ayuda" a resolver sus necesidades y problemas de adaptación. Esta práctica decadente a pesar de tener sus inicios en el siglo XX, hoy en día no se ha podido desterrar completamente de su perfil profesional.

5 Evangelista Ramírez, Eli, (1998), Historia del Trabajo Social en México, Plaza y Valdés, México, 1998.

En cuanto a la **Práctica en Trabajo Social Dominante**, consiste en un interés técnico – científico para elevar el estatus profesional, donde al Trabajador Social se le dota de una preparación psicologista – sociologista, que no solo explique las contrariedades de la gente como resultado de circunstancias personales, sino que se atienda a estos conflictos también como generadores de problemas sociales; esto significa que no basta el incidir en los trastornos individuales sino que se tiene que intervenir a nivel social, en donde se considere la participación comunitaria, como uno de los ejes para superar los desajustes sociales.

En suma con esta práctica se buscaba integrar a la población en la solución de sus problemas y necesidades de una forma desarrollista, en un marco institucional (públicos) para la movilización y participación popular, mediante la investigación, planeación y ejecución de proyectos específicos.

De igual manera existe también una **Práctica Crítico-Emergente,** donde las actividades del Trabajador Social están inmersas en un ambiente de cambio, generado por procesos globales de la economía, donde se agudizan los desajustes y necesidades sociales, tomando auge el estudio e intervención en las políticas sociales, en la gerencia y gestión del bienestar social. Esto quiere decir que el Trabajador Social a partir de su trabajo con la población realiza diagnósticos certeros, creando modelos de intervención social que operativiza por medio de las políticas sociales, la planeación y la organización de la sociedad para lograr su bienestar social.

De tal manera que en México la mayoría de los institutos, Escuelas y Facultades de Trabajo Social han pasado por estas tres prácticas, otras, están en la segunda o tercera, o en una mezcla ecléctica de ambas; algunas escuelas han tenido progresos y retrocesos en enfoques, metodología, y las demás avanzan afinando los instrumentos metodológicos de intervención.

Es relevante decir que en muchas Universidades en su licenciatura de Trabajo Social realizan prácticas de tipo decadente, debido a que tiene un enfoque teórico metodológico con características asistenciales, pero con ciertos matices de la dominante, ya que se forma un profesional para intervenir desde la esfera biopsicosocial y sociologista, aunque se espera que en un tiempo no muy lejano se empiece a trabajar con la práctica emergente esto por las características de los nuevos maestros y doctores en trabajo social que actualmente se encuentran integrándose a las plantas docentes de los diversos Cuerpos Académicos de Trabajo Social, y dado que con los profesores ya existentes mismos que cuentan con una formación e implementación de esa práctica decadente a esto aunado a la resistencia por cambiar de esquemas tradicionalistas que van desde la forma de enseñanza hacia los alumnos, y la poca actualización, capacitación y preparación en nuestra profesión es que se vislumbra un cambio lento y paulatino para desarrollar dicha práctica.

Si bien ya se han formado muchas generaciones de Licenciados en Trabajo Social y se están incrustando poco a poco en el ámbito laboral a fin de propiciar una nueva forma de intervención profesional, se busca afianzar la preparación de la futuras generaciones para que se fortalezca una práctica dominante a una emergente a partir precisamente de un diseño curricular para una mejor y más completa formación de las nuevas generaciones dando con ello respuesta a los cambios que surgen en la realidad social día a día más cambiante y a la par lograr obtener ese reconocimiento social y laboral que tanta falta nos ha hecho en nuestra profesión como Trabajadores Sociales .

Ahora bien el Trabajo Social es una disciplina que debe estar estrechamente vinculada a los cambios producidos en las sociedades contemporáneas, donde se promuevan nuevas estructuras sociales y formas de vida diferentes, lugares en que se producen desajustes y necesidades sociales. Para estas situaciones que afectan a individuos, grupos y comunidades, se precisa brindar una atención institucionalizada, desde la óptica de las instancias públicas, privadas y sociales, así como la de proporcionar nuevos servicios y recursos además de nuevas formas de atención social.

En relación a los procesos educativos, los planes de estudio en América Latina en muchas de las ocasiones están divorciados de su realidad, ya que estos en muchos de los casos son demasiado rígidos, verbalistas, y los procedimientos de enseñanza aprendizaje no favorecen el desarrollo de la personalidad ni el espíritu crítico de los alumnos, lo que obstaculiza que los profesionistas no desarrollen la capacidad de aplicación de sus conocimientos.[6]

Ya desde décadas atrás Ander-Egg, señalaba que en los años 60s los planes de estudio de las escuelas latinoamericanas se iniciaban con conocimientos generales de filosofía y ciencias sociales, una cuantiosa información de los distintos aspectos del derecho, ciertos conocimientos de medicina y algunos cursos de trabajos prácticos como enfermería, cocina, costura, etc.

Por otro lado el modelo educativo que se desarrolla hoy en día en diferentes Universidades con la Licenciatura de Trabajo Social, buscan formar a un profesional que analice la problemática social, económica, socio-jurídica, mediante el diseño de estrategias de intervención, que coadyuven al fortalecimiento de todas las capacidades del ser humano, con habilidades para colaborar en la elaboración, ejecución, supervisión y evaluación de políticas sociales, así como en el diseño de programas y proyectos sociales, productivos, culturales y políticos, dando con ello respuestas concretas para trascender con resultados inmediatos, en la búsqueda de una sociedad diferente, cada vez más cambiante, exigente de sus derechos sociales y Humanos.

Por su parte Eli Evangelista señala que el trabajador social debe facilitar procesos educativos entre los sujetos con los que se relaciona dialogicamente, con la finalidad de que los mismos desarrollen ampliamente potencialidades colectivas en la auto solución de sus problemáticas y necesidades sociales sentidas y estratégicas. En este entendido el Trabajo Social es una disciplina que debe estar estrechamente vinculada a los cambios producidos en las sociedades contemporáneas.

Por ello Trabajo Social en este mundo globalizado ejerce un importante papel en la percepción de los cambios mundiales, los cuales interfieren en las relaciones sociales y consecuentemente en las metodologías de trabajo de la profesión. Un dato común

6 Ezequiel Ander-Egg,(1985), Historia del Trabajo Social, Humanitas, Buenos Aires Argentina.

en nuestra sociedad es que el Estado se ha retraído de su responsabilidad de atender problemas sociales, esto afecta a los trabajadores sociales en distintas formas: desde la desocupación, los bajos salarios, altas jornadas de trabajo, hasta las expectativas y demandas de los usuarios y la transformación del rol asignado por parte de las instituciones. Esta situación permite en algunos casos abrir nuevos campos de trabajo y nuevas formas contractuales entre nosotros, los usuarios, los servicios y en otros casos la disputa en el mercado de trabajo, por invasión de otros profesionistas del área social al campo de trabajo social.

La constante renovación y preparación que realiza el profesionista de Trabajo Social en esa búsqueda de reconocimiento a su quehacer en el sentido social y laboral es cada vez más imperioso de ahí que los planes de estudio desde las universidades se estén reajustando de acuerdo a las opiniones que hacen no sólo los académicos, los empleadores, los alumnos, sino también la sociedad misma en esos constantes cambios en un mundo globalizado.

2º. Piensa

El Trabajo Social se aprende estudiando, pero se ejerce Practicando.

El proceso escrito en un libro cuyas principales páginas han sido pensadas y redactadas cuidadosamente por los Trabajadores Sociales. Éstos, como los ensayistas, los historiadores o los filósofos, son los mediadores necesarios entre la teoría y la práctica plasmada en esta obra.

El Trabajador Social en su quehacer recibe la confidencia de un problema personal en donde la angustia humana se ve reflejada en su máxima expresión

Espacio Laboral de un Licenciado en Trabajo Social.

Partiendo de que el Trabajo Social tiene como objeto de estudio los problemas y necesidades sociales de los individuos, grupos y comunidades y a su vez con el objetivo de propiciar el bienestar y desarrollo social, tiene una diversidad de espacios donde puede desempeñarse de acuerdo con Silvia G. De la O.[7] Como son los siguientes

Fuente: Ezequiel Ander Egg. Historia de Trabajo Social,1995. Pág. 288.

Como se puede observar los espacios laborales donde se desempeña el trabajador social, van desde los organismo públicos como pueden ser el IMSS, ISSSTE, SEP, SSA, DIF, Derechos Humanos, reclusorios, Agencias de Ministerios Públicos, juzgados u organismos privados como clínicas, escuelas, centros de rehabilitación o en instituciones gubernamentales como son las ONG, IAP., entre otros los cuales han ido surgiendo o desapareciendo de acuerdo al contexto político, económico y social imperante de cada momento histórico.

7 Silvia Galeana de la O. Campos de Acción, Pág. 161; en Manual de Trabajo Social ENTS UNAM 1996.

Agentes de prestación		
Instituciones		**Organizaciones de base**
☑ Gubernamentales • Semipúblicas	Federal Estatal Municipal	• Juntas o asociaciones de vecinos • Cooperativas • Sindicatos • Asociación de apoyo a grupos especiales: adultos en plenitud, capacidades diferentes, entre otros.
☑ No gubernamentales ☑ Privadas	Instituciones religiosas Cruz Roja Asociaciones benéficas Fundaciones Organizaciones filantrópicas Empresas Bancos Cajas de Ahorro	☑ Organización de apoyo a minorías sociales: niños de la calle, indígenas, indigentes

Silvia Galeana de la O. Campos de Acción, Pág. 161;

en Manual de Trabajo Social ENTS UNAM 1996.

Son de llamar la atención que la intervención de Trabajo Social en las diferentes instituciones pública, privada y social y en algunos casos como lo menciona Silvia Galeana de la O en instituciones semipúblicas.

Ahora bien en cuanto a Áreas de Acción del Trabajo Social Aida Valero menciona diversas

Áreas de Acción del Trabajo Social.

Autor y Áreas Natalio Kisnerman (Década de los 80's)	Autor y Áreas Aída Valero Chávez. "México"
☑ *Salud*	☑ *Trabajo Social en el Sector Salud:*
Hospital.	Trabajo Social Médico Hospitalario.
Comunidad.	Trabajo Social Médico Social
☑ *Justicia.*	Trabajo Social Psiquiátrico.
☑ Educación:	☑ *Trabajo Social en el Sector Educación:*
Primaria.	Trabajo Social Escolar.
Secundaria	Trabajo Social en la Educación no formal.
Educación Superior.	☑ *Trabajo Social Asistencial:*
Formación de Trabajadores Sociales:	Protección a los menores.
☑ *Empresas:*	Protección a la familia
Dirección de Empresas.	Protección a los ancianos.
Sección de Empresas.	☑ *Trabajo Social en el Sector Vivienda.*
Independiente de la Estructura Empresarial.	☑ *Trabajo Social en el Sector Empleo:*
Sindicatos.	Capacitación.
☑ *Migraciones*	Selección.
☑ *Minoridad y Familia:*	Prestaciones Laborales.
Prevención.	Sindical.
Tutelares.	☑ *Trabajo Social en la Prevención y Readaptación Social.*
Rehabilitación.	☑ *Trabajo Social en la Docencia.*
Ancianidad.	☑ *Trabajo Social en la Investigación.*
Protección a la madre.	☑ *Trabajo Social en el Desarrollo Rural y Municipal.*
Orientación y protección a la familia.	☑ *Trabajo Social en la Promoción Sociocultural.*
☑ *Promoción comunitaria.*	☑ *Trabajo Social en los Derechos Humanos.*
☑ *Vivienda y Urbanismo.*	
☑ *Seguridad Social.*	

Fuente: Aída Valero. El Trabajo Social en México. Pág. 140.

Como también se puede apreciar en esta tabla los campos de intervención del Trabajador Social se han especializado las áreas de inserción de esté profesional a partir de las necesidades propias del individuo y avance de las instituciones para su atención, por lo que se han generado áreas de intervención y grupos específicos, en México al igual que en otros países de América Latina los campo son muy semejantes como a continuación presentamos.

Actividades de Trabajo Social en América Latina.

1.- Protección del menor.	• Instituciones para el cuidado de niños huérfanos, abandonados y mal atendidos. • Servicios de rehabilitación social con niños de conducta problemática. • Colocación de menores desamparados a través de adopción y hogares sustitutos (limitados). • Rehabilitación de inválidos. • Organización de grupos juveniles y su superación legislativa a favor del menor. • Supervisión del trabajo de menores. • Instituciones de reorientación para delincuentes juveniles. • Salas cunas, guarderías diurnas, centros de alimentación. • Juegos y esparcimiento supervisados. • Campamento de vacaciones para grupos juveniles. • Libertad condicional con régimen de prueba y remisión condicional de la pena.
2. Promoción del bienestar familiar.	• Ayuda económica (en especie y efectivo). • Servicios de esparcimiento y vacaciones. • Rehabilitación de víctimas y catástrofes nacionales y conflictos armados. • Orientación, planificación de la familia y preparación para futuros padres y madres. • Servicios de rehabilitación para inválidos, incluidos los ancianos a cargo, los toxicómanos y los condenados. • Educación para la vida familiar y administración del hogar. • Centros comunitarios. • Organización de grupos sociales de madres, padres y familias (clubes de madres, asociaciones vecinales, etc.)

3. Promoción del cambio y adaptación social.	• Servicios para mejorar las relaciones personales y ajustes sociales. • Campañas informativas. • Movilización de recursos para familias y grupos desplazados. • Educación social. • Servicios de bienestar con migrantes, nuevas comunidades y grupos de minorías no integradas.
4. Mejoramiento de la vida	• Centros comunitarios y centros sociales. • Acción cívica para la creación de parques comunitarios, campos de juego y otras comodidades para el bienestar de la comunidad.
5. Apoyo del crecimiento económico.	• Capacitación profesional de personas con impedimentos físicos y sociales. • Servicios de bienestar social para empleados (se hallan establecido en las industrias, en las empresas comerciales y en entidades gubernamentales y pueden consistir en un complejo de actividades). • Educación para la administración de ingreso familiar. • Proyectos económicos a favor de los inválidos (industrias protegidas, compensaciones, artesanía subvencionada, etc.)
6. complementación de otros servicios organizados.	• Servicios comprendidos en programas de salud, educación, nutrición, desarrollo comunitario, vivienda, reforma agraria, colonización, etc., ideados para facilitar y complementar las actividades de estos servicios e intensificar sus efectos (pueden constituir en un complejo de actividades semejantes a las mencionadas en 1, 2, 3,4 y 5).

Fuente: Ezequiel Ander Egg.

Historia de Trabajo Socia,1995. Pág. 301.

3º. Trabaja

El Trabajo Social es una ardua profesión que demanda tiempo y esfuerzos constantes puestos al servicio de las Instituciones y de la sociedad en su conjunto

A quien quiera saber en qué consiste la labor del trabajador Social, habrá de considerar lo siguiente:

Necesidades y problemáticas actuales y futuras, de los sectores productivos y de servicios que atenderá este profesionista.

Según cifras del Estudio de Mercado Laboral[8], realizado por la Escuela de Trabajo Social a 257 organizaciones y empresas públicas y privadas de 17 municipios del estado de Hidalgo en los años de 1998 a 1999, se detectaron en los sectores de salud, educación, asistencia social, procuración de justicia, empresarial y otros servicios, las siguientes problemáticas, con un enfoque cualitativo:

PROBLEMÁTICA SOCIAL, ECONÓMICA Y CULTURAL DETECTADA EN EL ESTADO DE HIDALGO		
***Problemas internos en el sistema escolar*:** • Problemas de conducta • Deserción escolar • Deficiencia mental • Falta de incentivos en el aprendizaje • Dificultad para el aprendizaje • Alto índice de reprobación • Malos hábitos de estudio • Nula supervisión de los padres en la educación • Impedimentos motores • Trastornos de audición y lenguaje *Problemas externos que inciden en la educación:* • Deficiente nivel sociocultural • Desempleo • Pobreza extrema • Embarazo a temprana edad • Violencia intrafamiliar • Maltrato infantil • Desintegración familiar • Desnutrición • Conductas Sociopatológicas • fármacodependencia • Tabaquismo • Delincuencia • Alcoholismo	***Problemas internos en el sistema de salud*:** **Tipo de enfermedades** • Enfermedades diarreicas • Enfermedades por infecciones respiratorias • Mortalidad infantil y adultos mayores por neumonía • Deficiencia mental • Enfermedades crónico degenerativas • Enfermedades de transmisión sexual Deficiencias de los Servicios de salud • Desconocimiento de los servicios y derechos de salud • Deficiente cobertura en los servicios de salud • Falta de especialistas para transferir a los servicios especializados • Escasez y deficiencia en la distribución de medicamento • Escasez de personal: médicos, enfermeras, trabajadores sociales y otros especialistas. • Sobresaturación e insuficiencia en el servicio de hospitalización • Escasez de aparatos y equipo médico • Maltrato a los usuarios en la prestación del servicio • Negligencia de los empleados del sistema de salud ***Problemas externos del sistema de salud:*** • Desnutrición materno infantil • Falta de higiene personal y saneamiento ambiental • Inadecuada eliminación de basura y excretas • Deficiente cobertura en la prestación de servicios públicos. • Inadecuado control natal • Nulos sistemas de seguridad en hogares y fuentes de trabajo para evitar accidentes. • Contaminación ambiental • Cambios climatológicos extremos • Desintegración familiar • Violencia intrafamiliar • Bajos recursos económicos • Marginación y exclusión en los servicios de salud	***Problemas internos en asistencia social*:** • Desnutrición infantil • Maltrato infantil • Malos hábitos alimenticios • Falta de especialistas • Deficiente trabajo interdisciplinario de especialistas • Niños con problemas de tutelaje. • Deficiencia en los procesos de adopción ***Problemas externos en asistencia social*:** • Falta de espacios para atender la discapacidad • Niños en y de la calle. • Desintegración familiar • Carencia de recursos económicos • Aislamiento y exclusión de comunidades • Población indigente. • Deficiente distribución de subsidio • Alto índice de madres solteras • Maltrato a la mujer • Abandono de minusválidos • Abandono y nula perspectivas para los adultos mayores • Alto índice de desempleo • Violencia intrafamiliar Continúa...

8 UAEH - AATS: "Estudio de Mercado Laboral" Año 2010, Págs. 69

PROBLEMÁTICA SOCIAL, ECONÓMICA Y CULTURAL DETECTADA EN EL ESTADO DE HIDALGO		
Problemas internos en el Área empresarial: **División del trabajo empresarial** • Deficiencia en los sistemas de investigación y planeación • Bajo rendimiento en la producción • Falta de mano de obra calificada • Inseguridad en el proceso productivo. • Movilidad laboral • Falta de programas de higiene y prevención de desastres • Falta de seguridad industrial • No hay una cultura de prevención en riesgos de trabajo • Deficientes programas en formación en recursos humanos • Falta de acciones que promuevan la integración de personal y de departamentos **Prestaciones salariales** • Inestabilidad laboral • Nula prestaciones laborales • Desplazamiento de mano de obra • Separación y liquidación de trabajadores • Falta de cursos de capacitación y especialización • Bajos salarios, en consecuencia con bajo poder adquisitivo ***Problemas externos del Área empresarial:*** • Problemas dentro de la familia. • Analfabetismo • Deficiente nivel sociocultural en la población obrera • Fármaco dependencia • Drogadicción • Alcoholismo • Tabaquismo • Carestía en la adquisición de productos de primera necesidad • Problemas de vivienda • No cuentan con espacios para la recreación • Hostigamiento y prostitución	***Problemas internos en procuración de justicia:*** • Alto índice de Secuestros en infantes • Deficiencias administrativas en el proceso de pensiones • Obstáculos administrativos en prestaciones sociales laborales. • Deficiencia en los procesos jurídicos para las adopciones • Alto índice de divorcios • Deficiencia en el proceso de otorgamiento de tutelas • Deficiencia administrativa en la resolución de demandas • Aumento de faltas administrativas en adolescentes • Alto índice de lesiones y robos • Delincuencia organizada ***Problemas externos en procuración de justicia:*** • Inseguridad pública • Abandono de infantes • Maltrato infantil • Maltrato en la mujer • Violencia intrafamiliar • Desintegración familiar • Vandalismo • Desconocimiento de derechos • Falta de cultura ciudadana.	***Otras problemáticas en* Gobiernos municipales:** • Escasez y deficiencia de infraestructura y servicios públicos • Deficiente integración de equipo de asesores para las funciones municipales • Desconocimiento de procesos de planeación • Nula capacidad para gestionar proyectos sociales, económicos y culturales • Falta de elementos para coordinar y organizar a la población • Desconocimiento de procesos de supervisión y evaluación. • Falta de perspectivas en la educación para el desarrollo municipal • Falta de coordinación de interés con Organismos No Gubernamentales, para el bien común

Fuente: UAEH - AATS: "Estudio de Mercado Laboral" Año 2010

Los problemas y necesidades sociales señaladas, son parte de las situaciones que obstaculizan el desarrollo integral de los individuos, grupos y comunidades de una sociedad, los cuales se agudizan día con día. Esto se debe a diversos factores, como son: el crecimiento demográfico, crisis económica, desempleo, entre otros. Situaciones en las que el Profesional en Trabajo Social participa para diseñar alternativas de solución, en colaboración con otros profesionistas e instancias respectivas.

Por otro lado, es importante mencionar que a raíz de la creciente industrialización, el crecimiento demográfico y la dinámica social que se genera en el Estado de Hidalgo, se presentan una serie de exigencias a las que hay que atender desde el punto de vista social, como: inseguridad pública, fármacodependencia, violencia intrafamiliar, insuficiencia de servicios públicos, salud, educación, vivienda, alimentación, carencia de programas que atiendan a personas con discapacidad, falta de empleo, falta de organización y participación social, entre otros problemas de este carácter.

En atención a estas problemáticas, el Profesional en Trabajo Social tendrán la posibilidad de desempeñarse tanto en las empresas publicas, como en las privadas, así como en las organizaciones sociales, como son: los sectores de salud, educación, procuración de justicia, asistencia social, vivienda, programas especiales, desarrollo productivo empresarial y comercial, prestación de servicios de gestoría profesional, y en otras de las áreas de intervención que promueven el desarrollo integral de la sociedad.

Así también, es importante mencionar que los resultados obtenidos del Estudio de Mercado Laboral, en cuanto a los problemas que se presentan en los departamentos y áreas de trabajo, en el 99% de las organizaciones e instituciones públicas, existe el problema de la falta de coordinación y vinculación institucional para diseñar e implementar acciones conjuntas que lleven a resolver los conflictos en el menor tiempo posible, sin la duplicidad de actividades y pérdida de recursos humanos, materiales y financieros.

Asimismo, falta una planeación que tome en cuenta las demandas y necesidades sentidas de la población; todo ello se debe, a que en las instituciones, no cuentan con un departamento que realiza actividades de investigación, diagnóstico y planeación, lo que ocasiona que la población adquiera una actitud de apatía hacia los programas y proyectos institucionales.

Otro problema dentro del ámbito institucional, es que los programas y proyectos sociales que son financiados por el Estado y los organismos internacionales a escala local o municipal no cuentan con un soporte metodológico que los haga auto rentable o sostenible.

Recientemente el Estado de Hidalgo al igual que los demás Estados, se encuentra en una dinámica de descentralización, donde se delegan a los municipios las funciones de mantenimiento y administración de los servicios que brinda el gobierno estatal y federal. En este proceso, el Estado de Hidalgo está abriendo nuevos campos de trabajo, en vinculación con las micro y pequeñas empresas, trabajo directo en los municipios, en organizaciones no gubernamentales y cooperativas de producción y de consumo.

Esta situación recae en la responsabilidad por parte del estado de impulsar y gestionar procesos de desarrollo que ayuden a transformar la economía, la cultura, la política y los aspectos sociales enfocados al bienestar social.

En estos espacios de intervención puede participar el Trabajador Social, pues esta preparados para dar alternativas de solución de manera teórica, práctica y metodológica a los problemas y necesidades que se presentan en el contexto social, a través del diseño de estrategias de desarrollo social que promuevan la organización y participación de la población buscando el bienestar social.

En este orden de ideas y de acuerdo con los resultados del Estudio de Mercado Laboral el 86% de las organizaciones y empresas públicas y privadas de 15 municipios requiere de profesionales con capacidad para investigar los hechos y fenómenos que ocurren y trascienden en la realidad social, que entorpecen las relaciones humanas de convivencia y ayuda mutua en todos los espacios sociales donde se desenvuelve el ser humano; que tengan habilidades para detectar y analizar la problemática social realizando estudios sociales, con sus diferentes niveles de profundidad: diagnósticos sociales, estudios exploratorios descriptivos y explicativos mediante el encuadre interdisciplinario, ya que la realidad se presenta en forma compleja y multidimensional.

Así mismo, es necesario un profesional con una formación que le permita analizar y sintetizar la problemática social, mediante el diseño de estrategias de intervención, que coadyuven al fortalecimiento de todas las capacidades del ser humano, con habilidades para colaborar en la elaboración, ejecución, supervisión y evaluación de políticas sociales, así como en el diseño de programas y proyectos sociales, productivos, culturales y políticos.

Se requiere que este profesional posea la capacidad para proponer e innovar modelos de intervención, que mediante procesos de organización y promoción, faciliten la participación social en espacios de discusión y reflexión; asimismo, que permitan establecer propuestas de desarrollo integral para la sociedad, con habilidades para analizar e interpretar los nuevos arquetipos y paradigmas: descentralización, globalización, desarrollo humano, desarrollo sustentable, desarrollo regional y municipal, movimientos sociales, sociedad civil, genero, entre otras.

4º. Lucha

Tu deber es luchar por el Trabajo Social en pro de dar una mejor y humana atención a quien requiera del servicio.

El Trabajo Social, como disciplina de las ciencias sociales, surge con la "asistencia social", principalmente en la época feudal, siendo uno de los ideales o motivos primarios el de proporcionar protección social y prestar asistencia al individuo, por parte del Estado. En este sentido la asistencia social podría hallarse ya en los origines mismos de la humanidad, y su desarrollo tendría un curso paralelo al de la historia. Pero durante muchos siglos su ejercicio fue sólo la expresión empírica y desorganizada de intereses humanitarios, pues carecía del status jurídico e institucional que le ha otorgado hoy la sociedad.[9]

El principal precursor de la asistencia social organizada en el siglo XVI, fue el filosofo español Juan Luis Vives, quien estableció en el "Tratado del Socorro a los Pobres", una serie de normas y principios para la obra de ayuda al prójimo, que pueden sintetizarse así: Derecho del individuo a una asistencia efectiva y organizada; estudio del caso para establecer un

9 Sierra Sela. "Introducción a la Asistencia Social". Buenos Aires, Editorial Hvamanitas. Pág. 21 - 24. 1971

diagnóstico; tratamiento individualizado, mediadas prácticas paliativas, curativas y preventivas.[10]

Estas preocupaciones relacionadas al bienestar de la población, también las encontramos en las obras de San Vicente de Paúl, en los escritos de Juan de Medina, así como en los de Martín Lutero, Tomás Chalmers y otros reformadores de la época, quienes señalaron públicamente la necesidad de dar a la "asistencia social" un carácter orgánico, sobre la base de principios preestablecidos. Cabe destacar al respecto la acción desarrollada por muchos pedagogos y educadores, en los aspectos vinculados estrechamente con los principios y finalidades de la "asistencia social".

El avance de las investigaciones sociales, así como la mayor preocupación por los problemas del hombre y de la sociedad, han generalizado hoy la organización de la "asistencia social", otorgándole un lugar preeminente en los programas de política social de todos los países del mundo civilizado.

Si en un principio sus objetivos fueron dirigidos especialmente a mitigar los males derivados de la miseria, ahora el desarrollo económico y social los ha hecho cada vez más vastos y complejos, de tal modo que exigen profesionales especializados y eficientes en la solución de problemas.

Hoy en día el Trabajo Social, es conceptualizado como una disciplina de las ciencias sociales, que contribuye a la formación de profesionistas capacitados que coadyuven en la promoción de las potencialidades del ser humano, para lograr su desarrollo integral, así como su participación en la transformación del entorno social, preservando los valores universales a fin de mejorar la calidad de vida de los diferentes sectores de la sociedad

El objeto de estudio de Trabajo Social son los procesos donde se desenvuelve el sujeto social y su interacción con la problemática y las necesidades sociales que estos demandan para satisfacerlas, propiciando el bienestar social.

10 Op. Cit., Pág. 21.

En su vertiente profesional, el Trabajo Social se plantea como objetivo genérico contribuir al desarrollo e incremento del bienestar social y la calidad de vida ya que desde sus inicios, se ha considerado como objetivo básico de intervención profesional, la promoción tanto de las capacidades, recursos individuales y colectivos de los propios usuarios, como potenciar asimismo organizaciones sociales y formas de vida que refuerzan el bienestar social.

5º. Sé Leal

Para con tu institución, Paciente, Grupo, o Comunidad, a los que no debes abandonar hasta que comprendas que has hecho algo por éstos, aún cuando no se lo merezcan; debiendo considerar lo siguiente.

Actitudes:

- Ética profesional.
- De liderazgo profesional para impulsar procesos de desarrollo social.
- Autocontrol en situaciones de crisis.
- Autoestima saludable
- Disposición a escuchar.
- Respeto irrestricto de los derechos humanos, a culturas, valores y a las instituciones.
- Seguridad y sensatez profesional en la aplicación de sus conocimientos en los diversos campos profesionales.
- Concertación y negociación en conflictos individuales, grupales y comunitarios.
- Disposición para trabajar en los niveles de atención caso, grupo y comunidad coadyuvando al desarrollo del ser humano.
- Iniciativa para innovar modelos de intervención profesional de manera dinámica, positiva y creativa.
- Interés en la solución de los problemas que aquejen a la sociedad, con sensibilidad al trato humano.
- Imparcialidad para analizar con precisión su objeto de estudio, olvidándose de los prejuicios y valores subjetivos.

Valores.

- Espíritu de servicio a todas las personas, sin discriminar su condición social, sexo, edad, religión, nacionalidad e impedimento físico.
- Sentido de justicia ante cualquier individuo o grupo, procurando el bien común, con un trato equitativo y profesional, buscando siempre las mejores condiciones de la población.
- Solidaridad ante los problemas, necesidades y carencias del ser humano.
- Discreción, aludiendo al secreto profesional, por lo que habrá de guardar sigilosamente la información
- Responsabilidad al cumplir sus deberes profesionales, sus reglamentos y funciones.
- Honestidad en todos sus actos dentro de su campo profesional.

Considerar todas las circunstancias en que actúas como trabajador social, pensando en la mejor alternativa, reconociendo los pros y contras apelando al ejercicio patente de la recta razón.

6º. Tolera

Esta Profesión es de aguante, tolera la verdad ajena en la misma medida en que quieres que sea tolerada la tuya.

Este punto es profundo y delicado. Ser a un mismo tiempo enérgico, como lo requiere en algunas de las áreas de intervención, pero a su vez ser educado habla, sé y cortés como lo exige la educación; práctico, como lo pide la profesión, y sutil como lo demanda la inteligencia; eficaz y respetuoso; y digno; ser todo esto tan opuesto y a veces tan contradictorio, a un mismo tiempo, y todos los días del año, en todos los momentos, en la adversidad y en buena fortuna, constituye realmente un prodigio.

Y sin embargo, la profesión demanda tolerancia y ¡Ay de aquel que la ejerce con energía y sin educación, o con cortesía y sin eficacia!.

Para conciliar lo contradictorio no hay más que un medio: la tolerancia. Esta es educación e inteligencia, arma de lucha y escudo de defensa,

7°. Ten Paciencia.

Las cosas caen por su propio peso, el tiempo se venga de las cosas que se hacen sin tu valiosa participación, de tal manera que también ¡tu! Trabajador social como profesionista debes de desarrollar además de tener paciencia las siguientes habilidades:

- Analizar las causas que originan los problemas y necesidades sociales.
- Sistematizar el conocimiento adquirido en la práctica profesional.
- Diseñar y desarrollar procesos de investigación social.
- Identificar y plantear teóricamente problemas de la realidad social.
- Valorar las posibilidades de intervención profesional frente a los diversos problemas sociales.
- Seleccionar modelos y procesos para incidir en la solución de la problemática social.
- Manejar recursos humanos, materiales, financieros e institucionales, en los diversos centros de trabajo, para su optimización en beneficio del bienestar social.
- Organizar, coordinar, ejecutar, supervisar, asesorar y evaluar diferentes programas y proyectos sociales.
- Trabajar en grupos y participar en equipos multi e interdisciplinarios.
- Conjugar esfuerzos de la población y de las institucionales para proponer alternativas de solución.
- Tomar decisiones y delegar funciones.
- Organizar y coordinar acciones tendientes al manejo, tratamiento, canalización y rehabilitación de pacientes con conflictos sociales.
- Construir modelos de intervención profesional.

- Orientar a las comunidades hacia un desarrollo sustentable.
- Promover acciones socioculturales como una estrategia de desarrollo y bienestar social.

Existe un pequeño demonio que ronda y acecha en torno de los Trabajadores Sociales y que cada día pone en peligro su misión: la "impaciencia". La profesión requiere muchas virtudes; tales virtudes deben estar asistidas por otra que las habitúe a ponerse pacientemente en juego. Paciencia, para escuchar. Cada cliente y/o paciente cree que su problema es el más importantemente del mundo.

Paciencia, para hallar la solución. Ésta no siempre aparece a primera vista y es menester andar detrás de ella durante largo tiempo. Paciencia, para soportar la adversidad. Ya hemos visto que le debemos lealtad y tolerancia hasta cuando sea un majadero el cliente y/o paciente. Paciencia, para esperar a que solucionemos su caso. Ésta demora, y mientras el cliente y/o paciente se desalienta y desmoraliza, incumbe al Trabajador Social contener su desfallecimiento.

8° Ten Fe.

Ten fe en la importante labor que como Trabajo Social realizas para lograr mejoras en el desarrollo y calidad de vida de los individuos, grupos y comunidades;

Cada Trabajador Social, en su condición de hombre o mujer, puede tener la fe que su conciencia le indique. Pero en su condición de Trabajador (a) Social debe tener fe en su labor, porque hasta ahora el hombre no ha encontrado, en su larga y conmovedora aventura sobre la tierra, ningún instrumento que le asegure mejor la convivencia, La razón del más fuerte no es solamente la ley de la brutalidad, sino también la ley de la angustiosa incertidumbre.

La fe en la labor del Trabajador Social proviene de la convicción del buen desempeño de su quehacer

9° Olvida.

Todo aquello que perjudique a tu persona y a nuestra noble profesión. Si en cada atención fueras cargando en tu alma rencor, llegará un día en que la vida será imposible para tu persona y seres que te rodean.

La labor del Trabajador Social es una actividad ardua. Si en cada atención brindada fueras cargando tu alma de rencor, llegará un día en que la vida será imposible para ti y las personas que te rodean concluida tu labor diaria.

- ¿En qué circulo del infierno estarán algún día esos Trabajadores Sociales que nos recitan inclementes, a veces tomándonos de la solapa, alzándonos la voz como si fuéramos el adversario, sus problemas o frustraciones?
- ¿Y qué lugar del purgatorio está reservado a aquellos que a la vejez siguen contando aún los casos que atendieron en su juventud?
- ¿Y qué recinto del paraíso aguarda a los directores, o jefes de área, que no cumplieron con su deber para con la profesión y la sociedad?

Porque la verdad es que existe una insidiosa enfermedad que ataca a los Trabajadores Sociales y que les hace hablar constantemente de sus Casos. Aún de aquellos que, por una u otra razón, nacieron para ser olvidados.

10°. Ama tu Profesión

Valora y considera al Trabajo Social como la mejor de las profesiones de tal manera que el día en que algún amigo o familiar te pida una opinión de que profesión estudiar y dedicarse, consideres el honor de proponerle que se haga Trabajador(a) Social.

No desvalores esta noble profesión con la clásica frase al proponer que debes estudiar... **Estudia ya de perdida Trabajo Social...** porque eso sí es denigrar a tan importante y noble profesión. Además de contar con otro profesionista malogrado con una iniciativa que no nació por vocación y ni por interés propio y amor la carrera de ser Trabajador Social.

Del mismo modo ocurre en todos los actos de la vida. El amor al oficio lo eleva a la jerarquía del arte. El amor por sí solo transforma en trabajo en creación; la tenacidad, en heroísmo; la fe, en martirio; la concupiscencia, en noble pasión; la lucha, el holocausto; la codicia, en prudencia; la holganza, en éxtasis; la idea, en dogma; la vergüenza, en sacrificio; la vida, en poesía.

De tal manera que Son valores de los Trabajadores Sociales. La responsabilidad, la lealtad, la solidaridad con todos quienes forman parte de esta comunidad, y los Trabajadores Sociales en formación dentro y fuera de las aulas deben de...

1. - Ser honestos, no copiar de fuentes no autorizadas, no plagiar, no mentir, no apropiarse de forma alguna de cualquier tipo de información, documentos o trabajos.
2. - Debe de mantenerse en reserva cualquier información del negocio, exámenes y cualquier otra información de carácter confidencial
3. - Ser respetuoso, cuidar la integridad y la honra de las personas que conforman el gremio y respetar las sedes yo instituciones a las que pertenecen o laboran, a sus autoridades, documentos, instalaciones y equipamientos.
4. - Ser justos, buscar y aceptar el equilibrio y la verdad en las decisiones administrativas e institucionales, aceptar la distribución de responsabilidades y derechos entre los miembros del gremio, respetar el orden jurídico establecido, no desarrollar actividades que involucren peligro a la integridad de las personas en la institución donde se labora
5. - Ser solidarios, colaboradores con quien lo necesite a trabas de acciones desinteresadas en beneficio de otros y de objetivos y proyecto de interés común
6. - Ser tolerante: Aceptar a los demás como son, con sus defectos y cualidades; respetar su integridad personal y opiniones, aunque sean distintas a las propias atendiendo que la diversidad enriquece a una comunidad, no realizar actividades discriminatorias de ningún tipo, sean de carácter racial, político o religioso.

7. - Ser responsable, actuar con compromiso, madurez, responsabilidad y puntualidad en las actividades de la profesión y en todos los actos en los que participen de forma institucional y social

8. - Ser leales: Ser consecuentes con la profesión, con la institución y con la sociedad, colaborar con todos en su caso de requerir su intervención para aclarar cualquier investigación y sumario de violación al presente código de ética vigente

La Ètica Profesional, Valores, Principios y Objetivo del Trabajo Social

Con dicho trabajo se pretende que el profesionista de Trabajador Social en ejercicio de sus funciones Comprenda y estime el papel de la ética en el ámbito de lo individual, social, público y lo privado, así como los diversos factores de moralidad que inciden en su práctica profesional al igual que conocer la ubicación de la ética en el contexto histórico del pensamiento para entender su posición ética como individuo dentro de una sociedad, cambiante en su correcta formación e integración axiológica y las repercusiones para su desarrollo individual, familiar y colectivo en todos los ámbitos, de tal manera que el trabajador social deberá...

- Identificar el campo de ejercicio profesional del Trabajador Social, y conocer los principios éticos en que se sustenta el desarrollo de la actividad de mismo para con su grupo de pares para con la sociedad, gremio y compañeros de labor.
- Conocer y analizar los problemas éticos morales y jurídicos que en la actualidad se presentan, así como identificará la regulación jurídica.
- Conocer y comprender el origen de los Principios éticos y de derechos humanos, su prelación ontológica, así como sus diferencias con los derechos de la personalidad y garantías individuales, determinando claramente su universalidad, funcionamiento y filosofía.

"La excelencia moral es el resultado del hábito; nos volvemos justos cuando hacemos actos de justicia; templados, realizando actos de templanza, valientes, realizando actos de valentía".
(Aristóteles).

En el quehacer profesional día a día el Trabajador Social va creando redes de amistad entre las personas, grupos, comunidades y sociedad, así como con las instituciones de tal manera que va generando un espacio desde donde su quehacer va tomando fuerza a tal grado que su labor va siendo primordial, y con ello abriendo cada vez más oportunidades de crecimiento.

De tal manera que por medio del proceso metodológico de este profesionista y viendo sus necesidades de cada institución, pública o privada llámese área tradicional, actual o emergente de intervención, la metodología a utilizar por ende siempre se va a ser similar en diversos contextos y en las distintas dimensiones en las que actúa el profesional: (caso, grupo, y comunidad); ello no impide que a causa de su necesaria interrelación con la realidad social el que no deba de aplicar un criterio ético en cada una de sus intervenciones desde sus distintitos niveles y áreas.

De tal modo que el Código de Ética sirve de base y guía para un ser y hacer profesional, lo cual permitirá el reconocimiento de la sociedad y el realce de la identidad de la profesión.

Uno de los objetivos del desarrollo de funciones del Trabajador Social es la ética profesional, la cual incluye la práctica de valores y principios como base y normas de las acciones.

De ella emergen los profesionistas comprometidos, a la vez se encarga de concientizar al egresado de una institución educativa, el profesionista muestra interés por obtener un empleo y el compromiso consigo mismo en el desarrollo de sus funciones, reforzará su ética profesional, la cual emerge de su interior, siendo necesario evaluar al paso del tiempo, el ambiente en que se desempeña y las metas alcanzadas para con sus deberes. Como menciona Mario Heler, "se trata de pensar lo que se hace y saber lo que se piensa en una profesión como el Trabajo Social"[11]. De tal manera que...

11 Heler, Mario, Et al, "Filosofía Social y Trabajo Social, Elucidación de un Campo Profesional ",Ed. Biblos, Buenos Aires, Argentina, 2002, p.122

> La ética profesional puede definirse como la ciencia normativa que estudia los deberes y los derechos profesionales de cada profesión… La profesión es una capacidad calificada requerida por el bien común, con peculiares posibilidades económico-sociales. El profesional no tiene el carácter de tal por el simple hecho de recibir el título que lo certifica ó le da la cualidad de profesional, nadie es profesional por el título en sí, el título lo único que expresa es su calidad de ser ya un profesional, más no tiene todas las cualidades éticas para serlo, el título profesional mas allá de ser un alguien, es la manifestación intrínseca de lo que internamente se lleva, no por la naturaleza de la persona sino por sus cualidades éticas, como la idoneidad o aptitud que le da un nuevo perfil a su personalidad. El ser profesionales dignos representa la excelencia, gravedad, decoro que tiene la persona y el respeto consigo mismo.[12]

De tal manera que, la ética siempre ha existido, aplicándose como ciencia en la reflexión del cumplimiento de deberes y obligaciones, no solo del profesional en Trabajo Social sino de toda persona que practica una profesión u oficio, al decidir realizar ciertas labores, se comprometen a realizar el mejor de sus esfuerzos para cumplir satisfactoriamente con resultados eficaces. Durante el aprendizaje de su profesión adquieren cualidades que les permite formar conciencia de responsabilidad, lo cual genera el reconocimiento social.

Así mismo parte de la existencia de la historia de la moral; la cual no se identifica, como teoría con los principios y normas de ninguna moral en forma particular, pero tampoco como actitud indiferente, también estudia la forma de conducta humana que los hombres consideran valiosa y, además obligatoria y debida. De igual manera tiene que dar razón a un aspecto real, efectivo del comportamiento humano.

> "El Trabajo Social, como expresión sistematizada de un campo de la práctica social, tiene su propia fundamentación en principios éticos, filosóficos

12 http://www.monografias.com/trabajos16/etica-general/etica general.html 09/07/2025

tácitos o explícitos". La filosofía ha proporcionado a la profesión:

- Un concepto del hombre y su relación con el mundo.
- Ideales y valores que orientan la profesión
- Un fundamento para su acción

De manera real el quehacer profesional del Trabajo Social no se ha sustentado en una sola concepción filosófica; han existido supuestos filosóficos sobre los que se orienta su acción, de ellos se han seleccionado los más significativos, mismos que se encuentran caracterizados por corresponder a dos grandes corrientes, la idealista y la materialista.

En los orígenes de las formas de ayuda, como la caridad, la limosna, el humanitarismo, la filantropía, ha sido innegable encontrar que su sustentación esta dada en el Cristianismo. La fuerza mística constituye en primer impulso al acto de ayudar: "Hacer el bien por amor a Dios", "Hacer el bien por amor al hombre."[13]

Sin duda es de suponerse que el hombre siempre ha necesitado del hombre y por consiguiente el Trabajo Social siempre ha estado presente, desde el principio de sus orígenes ha buscado alternativas de solución a las problemáticas y necesidades de los individuos, aplicando ideales de servicio a través de satisfactores para el bienestar social.

Así mismo Ezequiel Ander-Egg (1996), refiere "el trabajador social debe tener un estilo personal, capaz de sustentar-en el modo de ser, de pensar y de actuar- los principios y valores éticos de la profesión, en el caso de trabajo social, compartido con otras profesiones, están centrados en el valor absoluto del ser humano."[14]

Por consiguiente se podría decir que el Profesional en Trabajo Social realiza sus labores aplicando los valores y principios adquiridos en el aula pero a la vez practica los propios los cuales son indispensables en el desempeño de la profesión,

13 Valero, Aida, "El trabajo social en México", ENTS. UNAM, 1999, p. 141
14 Ander Egg, Ezequiel;1996:226

como se menciona en la reunión general de la FITS (Federación Internacional de Trabajadores Sociales) realizada en Montreal, Canadá, 2000.

- **Valores y principios del Trabajo Social**

  El Trabajo Social ha crecido con ideales humanitarios y democráticos, y sus valores se basan en el respeto a la igualdad, el valor y la dignidad de todas personas. Desde sus comienzos, hace más de un siglo, la práctica de Trabajo Social se ha centrado en hacer frente a las necesidades humanas y desarrollar el potencial humano. Los derechos humanos y la justicia social constituyen la motivación y la justificación de la acción del Trabajo Social. En solidaridad con quienes están en desventaja, la profesión lucha por mitigar la pobreza y liberar a los vulnerables, excluidos y oprimidos, promoviendo el fortalecimiento de estos y su inclusión social. Los valores del Trabajo Social están expresados en los códigos de ética de la profesión tanto a nivel nacional como internacional.[15]

Principios

El documento "Ética en el Trabajo Social, Declaración de Principios" se aprobó en Asamblea General de la FITS (Federación Internacional de Trabajadores Sociales) en Adelaida, Australia, Octubre 2004, teniendo como objetivo promover el debate ético y la reflexión entre los profesionales de Trabajo Social contempla los siguientes aspectos. Siendo necesario que los Trabajadores Sociales reflexionen y practiquen los mismos para el ejercicio de su labor profesional.

Derechos Humanos y Dignidad Humana

El Trabajo Social se basa en el respeto al valor y dignidad inherentes a toda persona, y a los derechos que de ello se desprenden. Los Trabajadores Sociales deben apoyar y defender la integridad y bienestar físico, psicológico, emocional y espiritual de cada persona. Esto significa:

15 http: //www.ts.ucr.ac.cr/decla-006.htm, 07/01/2025

1. Respetar el derecho a la autodeterminación- Los Trabajadores Sociales deben respetar y promover el derecho de las personas a elegir por sí mismos y a tomar sus propias decisiones, sea cuales sean sus valores y opciones de vida, siempre que no amenacen los derechos e intereses legítimos de otros.
2. Promover el derecho a la participación los Trabajadores Sociales deben promover el compromiso pleno y la implicación de los usuarios para reforzarles en la toma de decisiones y acciones que afectan a sus vidas.
3. Tratar a cada persona como un todo- los Trabajadores Sociales deben intervenir con la persona en su totalidad, con la familia, la comunidad, y el entorno social y natural, y tener en cuenta todos los aspectos que influyen en la vida de una persona.
4. Identificar y desarrollar sus fortalezas. Los trabajadores sociales deben concentrarse en el potencial de las personas, grupos y comunidades y promover su empoderamiento.

Justicia Social

Los Trabajadores Sociales tienen la responsabilidad de promover la justicia social, en relación con la sociedad en general, y con las personas con las que trabajan. Esto significa:

1. Desafiar la discriminación negativa - Los Trabajadores Sociales tienen la responsabilidad de oponerse a la discriminación negativa por razones de capacidad, edad, cultura, género o sexo, estado civil, estatus socioeconómico, opiniones políticas, color de la piel u otras características físicas, orientación sexual o ideas religiosas.
2. Reconocer la diversidad- los Trabajadores Sociales deben reconocer y respetar la diversidad étnica y cultural de las sociedades con las que trabajan, teniendo en cuenta las diferencias individuales, familiares, grupales y comunitarias.

3. Distribuir los recursos equitativamente. Los Trabajadores Sociales deben asegurarse de que los recursos a su disposición se distribuyen de forma justa de acuerdo a la necesidad.
4. Oponerse a las políticas y acciones injustas- Los Trabajadores Sociales tienen el deber de llamar la atención de sus empleadores, legisladores, políticos y de la sociedad en general sobre aquellas situaciones en las que los recursos son inadecuados o cuando la distribución de recursos, políticas y prácticas son opresivas, injustas o perjudiciales.
5. Trabajar en solidaridad. Los Trabajadores Sociales tienen la obligación de oponerse a las situaciones sociales que contribuyen a la exclusión social, estigmatización o subyugación, y trabajar hacia una sociedad inclusiva.

Conducta Profesional

Es responsabilidad de las asociaciones miembros de la FITS y de la AIETS desarrollar y actualizar regularmente sus códigos de ética o directrices éticas, congruentes con esta declaración de la FITS/AIETS.

Es también responsabilidad de las organizaciones nacionales informar a los trabajadores sociales y escuelas de Trabajo Social sobre estos códigos o directrices.

Los Trabajadores Sociales deben actuar con arreglo al código o directrices de ética vigentes en el país. Estos códigos, generalmente, incluyen orientaciones más detalladas de la práctica ética específica de cada contexto nacional. Las siguientes orientaciones generales sobre la conducta profesional se refieren a:

1. Se espera que los Trabajadores Sociales desarrollen y mantengan las habilidades y preparación necesarias para desarrollar su trabajo.
2. Los Trabajadores Sociales no participarán nunca en acciones con fines inhumanos tales como tortura o terrorismo.

3. Los Trabajadores Sociales deben actuar con integridad. Es decir, no abusar de la relación de confianza con los usuarios, reconocer los límites entre la vida personal y profesional, y no abusar de su posición para beneficios o ganancias personales.
4. Los Trabajadores Sociales deben actuar con los/as usuarios/as de sus servicios con empatía y atención.
5. Los Trabajadores Sociales no deben subordinar las necesidades e intereses de los/as usuarios/as a sus propias necesidades o intereses.
6. Los Trabajadores Sociales tienen el deber de hacer lo necesario para cuidar de si mismos profesional y personalmente en el lugar de trabajo y en la sociedad, para asegurarse de que pueden ofrecer los servicios adecuados.
7. Los Trabajadores Sociales deben mantener la confidencialidad de la información sobre los usuarios y el secreto profesional. Las excepciones solo estarán justificadas por requerimientos éticos superiores (como preservar la vida).
8. Los Trabajadores Sociales tienen que asumir la responsabilidad de sus acciones ante los usuarios de los servicios, las personas con las que trabajan, sus colegas, sus empleadores, las organizaciones profesionales y ante la ley. Incluso si ello es motivo de conflicto.
9. Los Trabajadores Sociales deben estar dispuestos a colaborar con las escuelas de Trabajo Social para apoyar a los estudiantes de trabajo social a acceder a unas prácticas de formación de buena calidad que les permita mejorar su conocimiento práctico.
10. Los trabajadores Sociales deben promover y fomentar el debate ético entre sus colegas y empleadores y asumir la responsabilidad de tomar decisiones éticamente fundamentadas.

11. Los Trabajadores Sociales deben estar preparados para dar cuenta de sus decisiones basadas en consideraciones éticas, y a asumir la responsabilidad de sus elecciones y actuaciones.
12. Los Trabajadores Sociales deben trabajar para generar unas condiciones, optimas en las organizaciones donde trabajan y en sus países, donde los principios de esta declaración y los de sus códigos de ética nacionales (si los hay) sean debatidos, evaluados y defendidos.[16] (Anexo 1)

Por otra parte Eli Evangelista enumera los siguientes principios éticos para un mejor desempeño en la labora del trabajador social en su vida diaria como profesionista encargado de proporcionar el bienestar a todo individuo que así lo requiera:

- ***Justicia Social.*** *El trabajador social debe entender que todo colectivo humano tiene derechos sociales absolutos, inalienables, universales, que son una conquista, no una dádiva.*
- ***Igualdad.*** *El trabajador social debe de concebir a todos los seres humanos iguales entre la vida y la ley.*
- ***Libertad.*** *para el trabajador social todo ser humano debe gozar de libertad, entendida como la posibilidad de construir históricamente sus proyectos colectivos y personales, así como asumir y responder las acciones que de ello emanen.*
- ***Participación.*** *Todo ser humano debe tomar parte activa en los procesos de su entorno social.*
- ***Liberación.*** *Liberar significa avanzar lacia la posibilidad de orientar la toma de decisiones colectiva de forma autónoma e independiente.*
- ***Transformación.*** *Que engloba dar continuidad históricamente a las aspiraciones y acciones necesarias para construir un mundo nuevo.*

16 www.tsmu.org/doc/declaracionÉtica.pdf Marzo/2025

Las categorías de análisis que todo trabajador social debe tener en cuenta para ejercer su labor profesional se sintetizan en las siguientes:

- ***Conciencia de clase**. Tomando en cuenta que la sociedad capitalista está dividida socialmente en clases se debe tener claro a que clase pertenece. El trabajador social además de pertenecer a una clase social, debe tener conciencia de su pertenencia y de las contradicciones sociales que ello genera.*
- ***Conciencia de poder**. Toda sociedad capitalista conlleva desigualdad y relaciones de dominio-hegemonía de sectores sobre otros, mismas que se reproducen a menor escala en los espacios sociales micros donde el trabajador social desarrolla su acción profesional. La desigualdad fortalece relaciones verticales y limita la participación social plena, por eso siempre se debe tomar en cuenta esos elementos para desarrollar la labor profesional.*
- ***Conciencia de género**. Existe una división genérica del mundo que se concretiza en una situación de dominio de la construcción social del ser hombre sobre el ser mujer. Toda sociedad debe ser perneada de una visión igualitaria entre lo que significa ser hombre y ser mujer en una sociedad.*
- ***Conciencia de infinitud del decurso histórico**. Nunca existe una meta última en términos de proyectos sociales; todo final implica un nuevo principio; todo término siempre lleva a otro camino inicial por el cual se debe continuar avanzando hacia el mejoramiento de las conciencias sociales. Las metas siempre son relativas; todo proyecto histórico-social es inacabable e infinito.*
- ***Conciencia de pluriculturalidad**. Toda sociedad está constituida por grupos sociales con características y culturales divergentes. Se debe respetar la diferencia en la convivencia.*

- ***Conciencia de dialogicidad****. Todo proceso educativo debe ser construido en relaciones cercanas, dialógicas, horizontales con sujetos diferentes pero iguales.*[17]

Se confluye en lo anterior el sentido de lo humano ocupa un lugar de sobresaliente en trabajo social. De hecho su cometido profesional es más amplio que la mera relación necesidades-recursos. El trabajo social además de ser profesional es también ético. La práctica del Trabajo Social es en sí misma expresión de valores además de una aplicación de conocimientos y habilidades.

La necesidad de desarrollar la dimensión humanista resalta la importancia de reconocer el valor y la dignidad de la persona y de apoyarse en los valores de la justicia y la solidaridad. El derecho y la justicia social constituyen valores fundamentales que requieren del trabajo social para que se muestren más emprendedores y creativos.

La fuerza universal de ciertos valores como los derechos humanos, la vida, la dignidad se realiza en la defensa de quienes se ven privados de ellos, y serán universales cuando puedan disfrutar de ellos todos los hombres y mujeres del planeta. La universalidad es hoy un criterio ético de la solidaridad de manera que una acción es universalizable cuando beneficia al peor situado

La solidaridad, como principio ético y relevante dentro del humanismo, requiere un diálogo en clave de responsabilidad, pues no se aplica en las realidades individuales y sociales de forma única; por ello es necesario mostrar nuevos rostros de la solidaridad, pues al estar vinculada al tiempo y al espacio es de ellos de donde les viene su acreditación social y su legitimación ética.

---

17 Pág. 147-148; Evangelista Ramírez Eli, Historia del Trabajo Social en México, ENTS, UNAM,1998

Principios Básicos

Los principios básicos son aquellos principios rectores por los que se regula y se guía nuestra institución de tal manera que el respeto a los mismos asegurara el buen y optimo funcionamiento como institución base de la formación de todo trabajador social y dicho lo anterior...

Art. 1º: Como Docente Investigador de Universidad consideramos contar con las atribuciones morales necesarias para hacer una recomendación para que se aplique esta normatividad, así como se garantice la fiel observancia de las exigencias de la profesión y del presente Código.

Art. 2º: Este código determina los principios éticos necesarios para actuar de acuerdo con los fines de la profesión, obligando a todos los miembros de Trabajadores Sociales de nuestro país.

Art. 3º: Las disposiciones de este código abarcan los derechos que puedan invocar y los deberes que tienen que observar todos los profesionales de Trabajo Social con relación a la sociedad, a los usuarios, colegas, entidades gremiales, colegios profesionales, asociaciones o academias de trabajo social de nuestro país.

Art. 4º: Todos los que ejercen la profesión de Trabajador Social tienen el deber de acatar las normativas de este Código y, al inscribirse en los Colegios de Trabajo Social (requisito indispensable para ejercer la profesión), deberán aclararlo conocerlo, comprometiéndose por escrito a respetarlo.

Art.5º: El ejercicio de la profesión de Trabajador Social requiere del título y cédula profesional correspondiente.

Art.6º: En el desempeño de su profesión el Trabajador Social debe respetar la dignidad del ser humano, que por su naturaleza tiene el derecho de su realización en justicia, solidaridad y libertad.

Art.7º: En el ejercicio de la profesión el Trabajador Social tiene el deber de respetar las posiciones filosóficas, políticas y religiosas de aquellos con quienes trabaja, teniendo en cuenta el principio de autodeterminación. Debe asimismo reconocer que todo ser humano posee un valor único, con independencia de su origen, edad, creencias, etnicidad, condición socioeconómica y preferencia sexual.

Art. 8º: Al Trabajador Social le corresponde tratar de promover la legislación social necesaria, de acuerdo con las necesidades del usuario, y de una mejor calidad de vida, reconociendo el derecho del mismo a participar.

Art. 9º: El Trabajador Social debe colaborar con los poderes públicos en la preservación de los derechos individuales y colectivos, dentro de los principios democráticos, participando en la construcción de una sociedad justa y solidaria.

Art. 10º: El Trabajador Social tiene el deber de respetar las normas éticas de otras profesiones, exigiendo asimismo respeto para las relativas al Trabajo Social, ya sea cuando actúe individualmente o en grupos.

Responsabilidad Profesional del Trabajador Social para con la Profesión

Las personas comprometidas con un comportamiento institucional debe de preparase para desempeñar sus roles apropiados. Ya que un código formal de comportamiento, por impresionante que sea, no garantiza el desempeño apropiado del rol, pero si el código de comportamiento se aprendió perfectamente y se reforzó con frecuencia, puede ser observado; si no hay castigos rápidos y seguros por su violación el código de ética puede ser pasado por alto tranquilamente, considerando que un código formal es solo una parte del comportamiento total que constituye un rol institucional, gran parte del comportamiento en cualquier rol, padre, madre, soldado, sacerdote, profesor, político, etc. Consiste en un cuerpo elaborado de tradiciones, expectativas, y rutinas formales que uno absorbe solo mediante una larga observación.

Del rol o una prolongada experiencia en los niños que nunca han vivido en una familia feliz es probable que tenga dificultades para representar con éxito los roles de padre, madre, marido y/o esposa. Al igual que los roles de todo tipo, los institucionales pueden desempañarse con el mejor de los éxitos por aquellos que han interiorizado el comportamiento y las actitudes propias del rol, de tal forma que el Trabajador Social debe de empezar por aplicar los siguientes artículos.

<u>Art. 1º:</u> El Trabajador Social asume como responsabilidad propender al bienestar general.

<u>Art. 2º:</u> Todo profesional debe mantener relaciones correctas y prestar la cooperación necesaria con los demás colegas y con los otros profesionales que la requieran.

<u>Art. 3º:</u> Ningún Trabajador Social aceptará en su propio beneficio comisiones, bonificaciones o retribuciones análogas, ofrecidas por otras personas directamente interesadas en el ejercicio de los trabajos que el profesional realice, cuando por la realización de los mismos está remunerado por una institución, pública o privada, municipal, nacional o internacional.

Art. 4º: El Trabajador Social tiene la obligación de rehusar su intervención si ella no fuera compatible con las incumbencias de su profesión.

Art. 5º: El Trabajador Social, como funcionario del Estado o de organizaciones privadas, tiene el derecho de rechazar aquellas acciones que no se encuadren dentro de las obligaciones inherentes al cargo que desempeña.

Art. 6º: El profesional sólo aceptará cargos con el debido conocimiento y respecto de las disposiciones legales y reglamentaciones vigentes en el Código.

Art. 7º: Los Trabajadores Sociales que actúan o militan en ámbitos religiosos o político-partidario no deben valerse de la situación de preeminencia que esa actividad pudiera reportarles, para obtener ventajas profesionales, o bien utilizar su trabajo profesional con fines proselitistas.

Art. 8º: Es un acto contrario a la ética desplazar o pretender hacerlo a un colega de un puesto público o privado, por cualquier medio que no sea el concurso con representación del Colegio Profesional correspondiente.

Art. 9º: El profesional superior jerárquico debe proceder de forma que no desprestigie, menoscabe a otro u otros profesionales que ocupen cargos subalternos al suyo. Por la responsabilidad de su cargo está facultado para establecer normas que signifiquen buen servicio. Debe asimismo proveer los canales adecuados para que el personal participe en la formulación de dichas normas y de los procedimientos a seguir.

Art. 10º: Sus obligaciones con el Estado no lo eximen de sus deberes éticos para con sus colegas y en consecuencia debe, dentro de su esfera de acción, propugnar:

- Que se respete el principio y régimen de concursos;
- La estabilidad y el escalafón del profesional Trabajador Social;
- El derecho de amplia defensa y sumario previo a toda cesantía;
- El derecho a profesar cualquier idea política o religiosa;

- El derecho a agremiarse libremente y defender los intereses gremiales;
- Los demás derechos establecido en este Código de Ética.

Art. 11º: El profesional que desempeña un cargo como funcionario jerárquico está, como el primero más, obligado a respetar la ética profesional, cumpliendo con lo establecido en este Código.

Art. 12º: El Trabajador Social no debe ocupar cargos rentados o gratuitos, cualquiera que sea su dependencia, simultáneamente con cargos públicos cuya función se halle vinculada con aquella, ya sea directamente o a través de sus componentes, dando lugar a negociaciones o arreglos que no condicionen su accionar profesional.

Art. 13º: El Trabajador Social no debe tomar parte en concursos sobre materias profesionales en cuyas bases aparezcan disposiciones reñidas con la dignidad profesional y con los conceptos que inspira esta Código, o que figuran en sus disposiciones expresas o tácitas.

Art. 14º: El Trabajador Social no debe conceder su firma, ni a título oneroso, para información o documentación profesional que no haya sido estudiada o elaborada personalmente por él.

Art. 15º: El Trabajador Social no debe recibir comisiones, dadivas, participaciones u otros beneficios que el que estipule su arancel profesional, con el objeto de preferenciar o dar prioridad a gestiones de índole profesional.

Art. 16º: Se consideran faltas de responsabilidad profesional:

- ✓ No cumplir los compromisos contraídos entre profesionales, en relación con el desempeño profesional.
- ✓ No dar a conocer, en forma adecuada, las implicancias y deficiencias del funcionamiento de la Institución, en relación con el cumplimiento de las obligaciones respecto de los usuarios.

Art. 17º: El Trabajador Social se halla capacitado, cuando en relación de dependencia, para actuar independientemente en la planificación, ejecución y evaluación de su trabajo.

Art. 18º: En caso de actividades, declaraciones o intervenciones públicas, el Trabajador Social estará en la obligación de aclarar si está actuando a título personal, o como representante autorizado de una institución o asociación profesional.

Art. 19º: Todo profesional debe solicitar que se le releve de la responsabilidad de intervenir en relación con una situación dada, cuando razones de índole personal entren en conflicto con la naturaleza de los servicios profesionales que deben prestarse.

Art. 20º: Todo profesional tiene el deber moral y el derecho de afiliarse libremente a una entidad gremial y colaborar para el desarrollo del espíritu de solidaridad gremial y ayuda mutua entre los colegas, cumpliendo las medidas aprobadas por la entidad gremial a la que pertenezca.

Art. 21º: Todo Trabajador Social responderá civil y penalmente por actos profesionales dañosos a que haya dado lugar en el ejercicio de su profesión, por ignorancia culpable, omisión, imprudencia, negligencia o mala fe.

Deberes Para Con la Profesión

ARTICULO 1º Mantener un comportamiento intachable en todo momento y lugar, pues moldea la imagen del trabajador social en la mente de todas las personas y de la sociedad.

ARTICULO 2º Reprobar y combatir, con argumentos razonables y elevados, toda forma de expresión de personas u organizaciones conectadas o no con el trabajo social, que repudien o pretendan destruir hasta con la violencia, producto de una moral anarquista los puntos de vista, objetivos y normas de la profesión dadas como resultado del esfuerzo colectivo y democrático de agrupaciones profesionales reconocidas.

ARTICULO 3º Preocuparse por hacer constantemente todo tipo de aportes que contribuyan al desarrollo y perfeccionamiento de la profesión.

ARTICULO 4º Luchar afanosamente para que toda función o servicio técnico de trabajo social sea atendido por personas debidamente capacitadas profesionalmente.

ARTICULO 5º Reconocer que como toda persona que ha obtenido un grado profesional, debe preocuparse por conocer los más recientes avances y logros del trabajo social.

ARTICULO 6º Defender a la profesión contra los ataques injustos y las falsas interpretaciones.

ARTICULO 7º Evitar asociaciones de cualquier tipo que vayan en detrimento de la profesión.

Deberes y Criterios del Trabajo Social en relación con Colegas, para Consigo Mismo, para con las Personas, Comunidad y Otras Profesiones

A todas las personas nos gusta ser amadas, nos agrada que nos entiendan, requerimos que nos ayuden en ciertos casos, nos gusta recibir un premio, o un regalo, de todo corazón sin compromiso alguno más que el de la amistad pura y sincera, agradecemos que alguien se preocupe por nuestra salud, queremos que se reconozca nuestro derecho, nos agrada vivir y ser libres y que se nos trate en atención y reconocimiento de nuestra dignidad; no nos gusta ser golpeados o molestados en ninguna forma; queremos que se reconozcan nuestras capacidades; que la gente disimule nuestros errores, no nos gusta quedar en ridículo; etc. Todo esto visto desde el yo, en un sentido personal e individual.

Entonces es cuestión de percatarse que si todo esto nos satisface a todos en lo individual, lo menos que debe suceder es que seamos recíprocos. Tengo que hacer por los demás, lo que yo espero de ellos. En este dar y recibir es la clave. Primero me auto valoro; después valoro a los demás. Esto me lleva a la vez a considerar que como humano no valgo ni más ni menos que los demás. Lo que creo merecer, lo merecen mis colegas.

Reconocer la sus principios éticos, educación, formación continuada y actuación de los colegas trabajadores sociales y de los profesionales de otras disciplinas, promoviendo toda la cooperación que sea necesaria para conseguir unos servicios cada vez más humanos y efectivos.

Aceptar las diferencias de opinión y actuación de los colegas trabajadores sociales u otros profesionales, expresando las críticas a través de los canales adecuados, de forma responsable.

- ✓ Promover y compartir las oportunidades de conocimientos, experiencia e ideas con todos los colegas, profesionales de otras disciplinas y voluntarios, con el propósito de beneficiarse mutuamente. Llamar la atención de los organismos adecuados, dentro y fuera de la profesión, en los casos de violación de los principios y criterios éticos profesionales, asegurándose de que los clientes afectados sean adecuadamente involucrados.

- ✓ Defender a los colegas contra actuaciones injustas. Criterios relativos a la profesión
- ✓ Mantener los valores, principios éticos, conocimientos y metodología de la profesión y contribuir a su clarificación y mejora.
- ✓ Mantener los niveles profesionales de práctica y actuar para conseguir que mejoren.
- ✓ Defender a la profesión contra las críticas injustas, y trabajar para aumentar la confianza en la necesidad de la práctica profesional.
- ✓ Presentar críticas constructivas de la profesión, y de sus teorías, métodos y prácticas.
- ✓ Promover nuevos enfoques y metodologías útiles para responder a las necesidades nuevas, así como a las ya existentes

De tal manera es que el Trabajador Social deba tener una actitud leal, de solidaridad y consideración hacia sus colegas, absteniéndose de críticas y cualquier otro acto susceptible de perjudicarlos, observando los deberes de la ayuda mutua profesional. El espíritu de solidaridad no podrá, sin embargo, inducir a ningún Trabajador Social a ser cómplice en el error o dejar de combatir a través de los medios adecuados, los actos que infrinjan los principios éticos y los dispositivos legales que regulen el ejercicio de la profesión.

Ningún Trabajador Social aceptará cargo o función anteriormente ocupada por un colega cuya renuncia se haya debido a razones de ética profesional, previstas en el presente Código, en tanto se mantengan las razones determinantes de su alejamiento.

Todo Trabajador Social debe dar la información debida sobre el área de su competencia, de modo que facilite a los demás colegas al cumplir debidamente sus obligaciones, compartiendo con ellos los conocimientos adquiridos en forma individual y que propender al crecimiento profesional.

Asimismo se deben respetar las actuaciones profesionales y privadas de los colegas, y abstenerse de críticas que puedan perjudicar su reputación. Para expresar juicios sobre estos aspectos se deben utilizar los conductos apropiados y regulares.

El Trabajador Social respetará la posición y reconocerá las realizaciones logradas por sus colegas y evitará emitir juicios perjudiciales sobre el rendimiento profesional, salvo en casos necesarios y por medio de los canales apropiados.

Todo Trabajador Social tratará con el debido respeto las diferencias de opinión son sus colegas y procurará armonizar tales diferencias. Procederá de tal modo que su comportamiento signifique apoyo, antes que obstáculo entre ellos. De tal manera que el trabajador social tendrá que...

ARTICULO 1º Mantener hacia los colegas una actitud basada en la solidaridad que caracteriza a las personas de una misma profesión.

ARTICULO 2º Respetar la posición, las realizaciones, actos y puntos de vista de sus colegas, y en caso de tener que expresar sus juicios sobre tales asuntos, hacerlos con discreción utilizando los medios más adecuados.

ARTICULO 3º Poner sus conocimientos y experiencias a disposición de sus colegas cuando estos lo requieran para su mejor actuación profesional.

ARTICULO 4º Cooperar lealmente con sus colegas en la medida que los intereses de la persona lo demanden y su secreto profesional se lo permita.

ARTICULO 5º Advertir a los colegas cuando por modos de comportamiento inadecuado puedan lesionarse los intereses de las personas, la institución, la comunidad, y la profesión en general.

Deberes de Trabajador Social Para Consigomismo.

ARTICULO 1º Trabajar por el desarrollo y perfeccionamiento de su propia persona.

ARTICULO 2º Buscar constantemente el mejor conocimiento, comprensión y control de sí mismos y de las propias actitudes, defectos y prejuicios, para comprender a los demás y evitar así las relaciones con ellos.

ARTICULO 3º Educar la inteligencia, cultivándola para el estudio de la verdad.

ARTICULO 4º Educar la templanza para moderar las posiciones e inclinaciones regulando sus actos con sobriedad y continencia.

ARTICULO 5º Educar la voluntad para aprender las cosas y afrontar las resistencias, como así mismo soportar la adversidad con igual presencia de ánimo.

ARTICULO 6º No hacer algo que pueda comprometer su dignidad e integridad personal, pues son condiciones básicas para crear y mantener la confianza de las personas en las interrelaciones que fueren menester.

ARTICULO 7º En el caso del Trabajador Social mujer, recordar que, por encima de sus atributos profesionales, debe siempre mantener aquellos que conforman lo que se llama femineidad: fineza, pulcritud, suavidad y delicadeza.

El trabajador social hombre, por su parte, debe afinar su sentido del tacto en el trato con las personas, ser flexible ante las circunstancias, saber escuchar para hacerse accesible a todo tipo de personas.

Deberes Para Con las Personas a Atender en su Labor Diaria.

ARTICULO 1º Tener presente siempre que su primera obligación como profesional es lograr, mantener y mejorar constantemente el bienestar social del individuo, del grupo y de la comunidad a los cuales atiende.

ARTICULO 2º Colocar siempre su responsabilidad profesional por encima de sus objetivos, puntos de vista e intereses personales.

ARTICULO 3º Actuar sin favoritismo ni prejuicios cualquiera que fuere el tipo de persona y su problema, ayudándolo con la misma buena voluntad que a todos los demás.

ARTICULO 4º Aceptar a la persona tal cual es, incluyendo toda forma de comportamiento, sin que esto signifique su aprobación, manteniendo en todo momento el sentido de su dignidad innata y de su valor como persona.

ARTICULO 5º Recordar que los niños, ancianos, deficientes, enfermos mentales, detenidos, presos, como cualquiera otros disminuidos, merecen la misma consideración y respeto que los adultos más normales.

ARTICULO 6º Reconocer y comprender las cualidades únicas de cada persona y tratarla como ser humano con todas sus diferencias individuales para obtener su mejor adaptación social.

ARTICULO 7º Reconocer la capacidad de la persona de expresar sus sentimiento con libertad, incluyendo las que fueren negativos, escuchando sin desalentarla ni juzgar por ello, y llegando si fuere necesario, hasta estimular dicha expresión como un recurso conveniente para liberarlo de sus tensiones o preocupaciones.

ARTICULO 8º Captar los sentimientos de las persona, comprender su significado y responder a ellos de modo más adecuado.

ARTICULO 9º Recabar de las personas solo aquellos datos y hechos relacionados con sus problemas y que fueron necesarios para la orientación o ayuda que pueda prestárseles.

ARTICULO 10º No determinar el grado de culpabilidad, inocencia o responsabilidad de la persona en el origen de sus problemas o necesidades, pero sin formular o comunicarle de la manera más adecuada juicios valorativos sobre sus actitudes, criterios y acciones.

Cuide, al hacerlo, de no imponer a la persona su propio criterio o su escala valorativa. Más bien trate de ampliar la capacidad de juicio de las personas informándoles con objetividad y rigor científico.

ARTICULO 11º Respetar el derecho y la necesidad de la persona de elegir por sí misma y adoptar sus propias decisiones en el proceso de ayuda, toda vez que ha sido orientada convenientemente y siempre que no se encuentre limitada por su grado de capacidad, normas civiles y morales de la institución.

Actuar de modo que las personas no se sientan ligadas a él por actitudes de dependencia o de infantilismo. Recuerde que la mejor ayuda consiste en que la persona aprenda a resolver por sí misma sus problemas. La ayuda constante en forma de dádiva reproduce el paternalismo sin resolver los problemas.

ARTICULO 12º Actuar con cooperación y consulta con la persona, exceptuándose de esta ultima si ella no puede decidir por sí misma, o si la seguridad de terceros o de la comunidad fueren puestos en alguna forma de peligro.

ARTICULO 13º Exponer con claridad a la persona la manera en la que puede ser ayudada dentro de los alcances de los objetivos y de las normas de la institución a la cual ha recurrido.

ARTICULO 14º Cuando considere que debe abstenerse de ayudar a una persona, le informará claramente de las razones que tuvieron para rehusarse, a menos que existiere razón evidente o suficiente en contrario.

ARTICULO 15º Mantener en secreto toda la información que suministran las personas, utilizándola con responsabilidad en la medida y forma que fuere más discreta y, con su consentimiento, en los casos que debe efectuar consulta con otros profesionales o instituciones para prestarle un servicio más eficaz.

ARTICULO 16º En el caso de que le fuere solicitado informe o testimonio para las autoridades, considerar en cada caso individual, sino con base su promesa de secreto puede reclamar el derecho de excusarse, cual debe estar previsto en la ley.

ARTICULO 17º Cuando sea necesaria la presentación de un caso a modo de contribución profesional, ello deberá hacerse de tal manera que impida toda identificación o evidencia de la persona a quien se trate.

Deberes Para con la Comunidad

ARTICULO 1º Ser responsable en ayudar a proteger a la comunidad contra prácticas no éticas de partes de personas o de organizaciones relacionadas con actividades de bienestar social.

ARTICULO 2º Contribuir con sus conocimientos, habilidades y experiencias a los programas de organización y desarrollo de la comunidad.

ARTICULO 3º Prestar servicios profesionales en forma inmediata, amplia y eficiente en los casos de emergencia publica.

ARTICULO 4º Difundir permanentemente ante la comunidad en distintos medios de comunicación, las características y alcances de la profesión `para que todos los individuos y organizaciones la conozcan, respeten y hagan uso constructivo de ella.

ARTICULO 5º Rechazar, reprobar y combatir a enemigos del convivir honesto, tales como el peculado, la prebenda, el acomodo o el soborno y la corrupción en todas sus formas que perjudican y destruyen la dignidad personal, tanto del beneficiario como de quien otorga el beneficio.

Deberes Para con Otros Profesionales

ARTICULO 1º Respetar el carácter especifico y los métodos de cualquier profesión de otras personas que entren en contacto con sus clientes.

ARTICULO 2º Cuando actúen en un medio en el cual otro grupo o profesión tienen la responsabilidad principal, conservar su identidad profesional, cooperando íntegramente con los fines o funciones de la organización. Al ver en peligro su identidad profesional, señale claramente a los demás profesionistas, tiene sus objetivos y fines específicos, como también su propia metodología que no pueden ser absorbidos o nulificados por otros intereses.

ARTICULO 3º No demostrar una actitud competitiva cuando trabaje en equipo

Con base a lo anterior, se hará una síntesis de lo más relevante de una encuesta realizada con relación a valores éticos y morales aplicadas a Trabajadores Sociales que laboran en diferentes instituciones acerca de cómo ven los principios éticos, morales y principios socio-jurídicos en la labor día a día de su profesión la cual sometemos a su apreciable consideración.

Un estudio completo sobre la ética, moral justicia así como valores humanos, desde lo cual no podemos ignorar el tema de la normatividad. Son el instrumento formal que el Profesionista de Trabajo Social hemos realizado para propiciar el ejercicio de los valores. Ya que son el espacio propio para conducirse. Hay valores no sujetos a la normatividad, por que no se ejercen en conductas, si no en hechos concretos, como los valores estéticos representados por las bellas artes entre muchos.

Conviene recordar lo que por definición ¿qué es una norma ética? sus elementos constitutivos son: **a)** una prescripción de conducta debida o que debe ser, **b)** se impone en forma imperativa a un destinatario; **c)** una conducta obligatoria, **d)** es instrumento para realizar un fin; **e)** pretende lograr un valor humano y **f)** prevé una sanción ante el incumplimiento.

Los seres humanos, son base y sustento de los VALORES ético-morales, presentan una naturaleza única que los uniforma. Pero en las diversas etapas de la vida y en la relación social, son desiguales. El hombre es cuerpo y espíritu; es un ser INDIVIDUAL y al mismo tiempo UN SER SOCIAL.

Los valores son virtudes, categorías, esencias, cualidades o aspiraciones típicamente humanas, por que el hombre es el único que busca, entiende, intuye, descubre y disfruta los valores. El ser humano, como tal, es un eterno buscador de valores.

Es necesario educar en los valores y para los valores, para lograr convicción estimativa que se transmita de generación en generación.

Los valores, como las monedas, tienen dos caras. Valores y contravalores. Actitudes y hechos positivos y negativos. Los valores se entienden mejor si al mismo tiempo se muestra el aspecto deshumanizado.

Para descubrir los valores en plenitud, es necesario desarrollar la autoestima personal. Empezar por quererse a si mismo, el ambiente íntimo y social propio de los valores es aquel en el que los seres humanos han satisfecho sus más urgentes necesidades vitales. Primero es ser y después el modo de ser.

En sociedad acatamos diversos órdenes normativos. Los principales o grandes órdenes son: la moral la religión, los convencionalismos sociales y el derecho.

La justicia es el principal, pero no el único valor ético-moral. Le hemos agregado un término, para que sea la de TODOS y para TODOS: LA JUSTICIA SOCIAL.

De dicho estudio estadístico, se hará una síntesis muy apretada de lo más relevante de la encuesta realizada con relación a valores éticos y morales a trabajadores sociales que laboran en las instituciones diversas instituciones, y que sometemos a su apreciable consideración.

Gráfica 1.

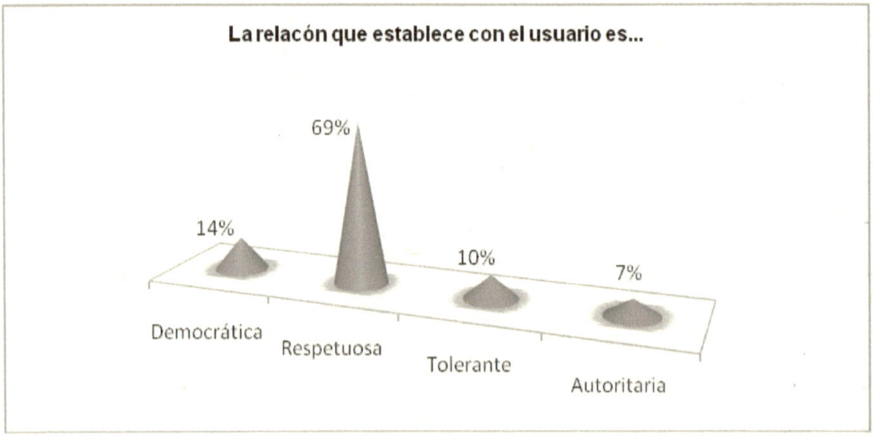

Fuente: Encuesta aplicada a trabajadores sociales, 2025

Gracias a las encuestas aplicadas a las trabajadoras sociales que laboran en diferentes áreas en las que se desenvuelven como profesionales, el trato que muestran con el usuario en un 69% se muestran con una actitud respetuosa, mientras que en una minoría se da una relación autoritaria entre trabajador social y cliente.

Gráfica 2.

Fuente: Encuesta aplicada a trabajadores sociales, 2025

Al cuestionar a los profesionistas acerca de los aspectos relevantes a sus funciones que algunas veces son imposibles de terminar en horarios establecidos, el 66% de ellos mencionan que se quedan en horas extras a lo previsto, sin embargo el 8% menciona razones como disculparse argumentando que tuvo mucho trabajo y por otra parte que es responsabilidad de otros, porcentaje que es dividido en cantidades iguales.

Gráfica 3.

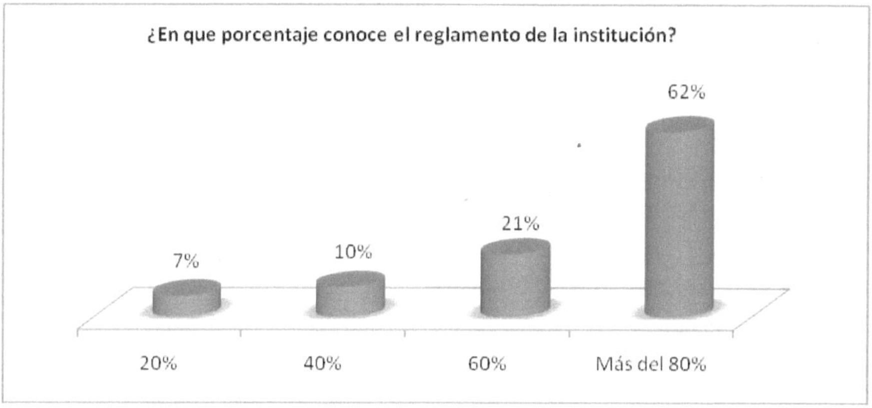

Fuente: Encuesta aplicada a trabajadores sociales, 2025

Debido a la importancia del reglamento interno en las Instituciones, es prioritario que el empleado tenga conciencia de las normas que dicha lugar regula; en más del 80% de las trabajadoras sociales encuestadas se denota que conocen el reglamento del lugar en el que laboran, siendo así el 7% el porcentaje más bajo en cuento a empleados que no conocen las reglas de tal institución.

Gráfica 4

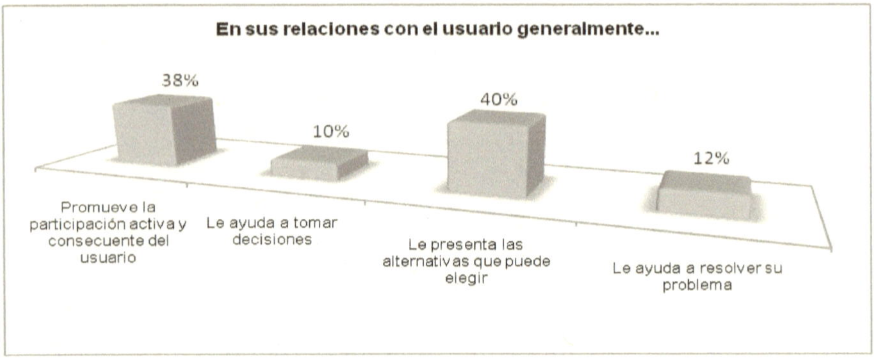

Fuente: Encuesta aplicada a trabajadores sociales ,2025

La relación que el trabajador social establece con el usuario ha sido una de las temáticas más debatidas en cuanto al trato que se emite por parte del profesional, en este caso los trabajadores sociales encuestados mencionan que le presentan al usuario las alternativas que puede elegir de entre las más congruentes. En segundo lugar se retoma la manera de promover la participación activa y consecuente del usuario en un 38%, este tipo de intervención por parte del trabajador social permite aclarar el panorama al usuario dejando que el tome conciencia de sus propias decisiones y acciones a corto, mediano y largo plazo, sin embargo el decidir por el usuario no permite esa libre capacidad de elección y determinación consiente y es por ello que esta actitud por parte del profesional se muestra en solo un 10% de 100 cuestionarios contestados.

Gráfica 5.

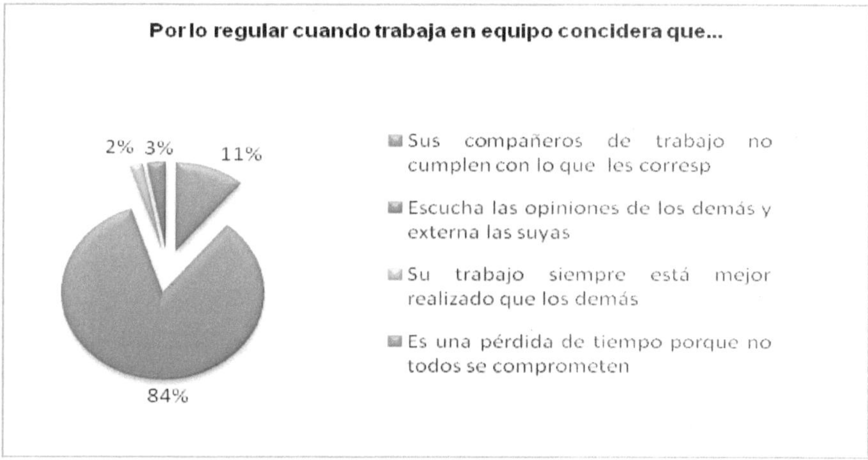

Fuente: Encuesta aplicada a trabajadores sociales, 2025

Trabajar en equipo es sin duda una labor de mayor dificultad, aunque en trabajo social, este tipo de tarea es la manera de prender de los compañeros con los que se interactúa siendo así que en un 84% de las personas encuestadas reconoce que escucha las opiniones de los demás y externa de igual manera las suyas, es importante saber escuchar las sugerencias de las personas con las que se trabaja aunque una minoría de 3% los profesionales objetan que el trabajo en equipo es un pérdida de tiempo porque las personas con las que se trabaja no se comprometen.

Gráfica 6.

Fuente: Encuesta aplicada a trabajadores sociales, 2025

El secreto profesional como tal, va de la mano con los valores que se han reforzado durante un lapso de tiempo en el ámbito laboral y personal. En un 53% los trabajadores sociales están consientes de esta afirmación y no comentan la información que les proporciona el usuario, mientras que en un 20% esta la guardan en el archivo de la institución.

Gráfica 7.

Fuente: Encuesta aplicada a trabajadores sociales, 2025

El servicio es la manera en que un usuario es atendido en las instituciones, estas buscan la forma para que se lleve a cabo un desarrollo social en un ambiente de confianza y seguridad en la que el cliente se siente del todo satisfecho con el trato recibido. Respetar los derechos humanos y de género es una de las acciones que avalan el regreso o asistencia del usuario, esta se da en un 79% de las encuestas aplicadas a trabajadoras sociales, por otra parte el 6% de las personas cuestionadas mencionan que lo primordial es respetar las preferencias religiosas y políticas del cliente.

Gráfica 8.

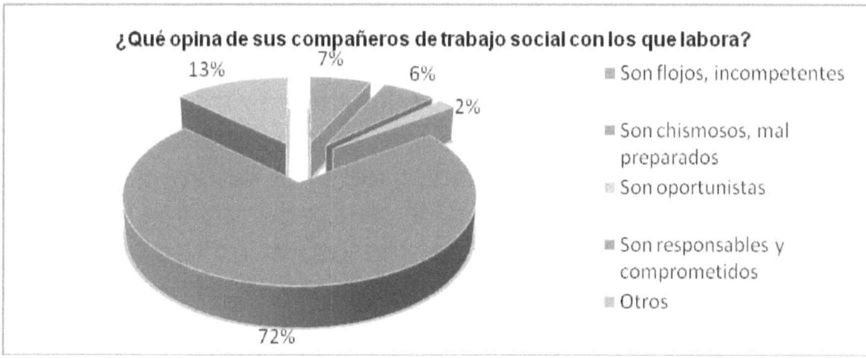

Fuente: Encuesta aplicada a trabajadores sociales, 2025

La opinión de los compañeros de trabajo y la concepción que se tiene de ellos, es la inclinación para elaborar tareas por equipo; la solidaridad y confianza que se tengan entre los compañeros de trabajo, motivan este tipo de labores por grupo, siendo en un 72% la cifra más alta en cuanto a la actitud de responsabilidad y compromiso que los trabajadores sociales proyectan, cuando por el contrario un 2% de los profesionistas encuestados comentan que sus compañeros son oportunistas.

Gráfica 9.

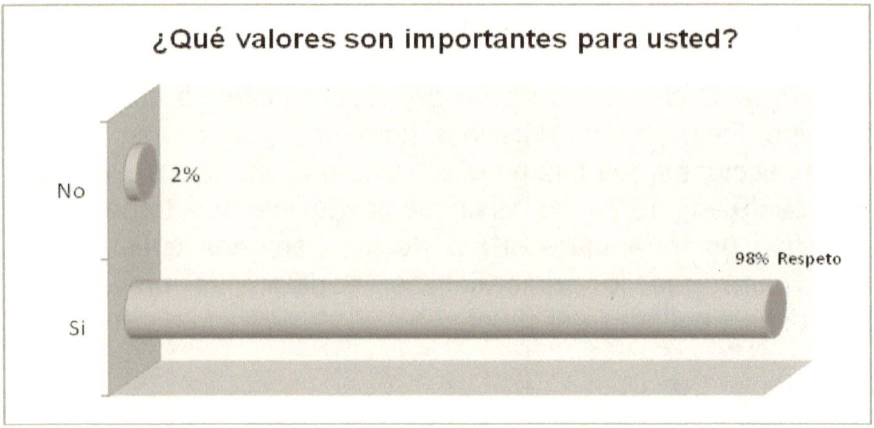

Fuente: Encuesta aplicada a trabajadores sociales, 2025

El respeto en un 98% es uno de los valores más importantes para los trabajadores sociales, este proporciona la manera de llevar a cabo una armonía dentro del área laboral y entre los compañeros, solo con este valor se puede llegar a contribuir conjuntamente ya que no se menosprecian las acciones, creencias, y actitudes, mientras que en un 2% este valor no es relevante para los profesionistas.

Gráfica 10.

Fuente: Encuesta aplicada a trabajadores sociales, 2025

Expresarse con coherencia, sinceridad y el respeto a la verdad, son fases fundamentales de la honestidad, este valor se encuentra de entre los principales que el trabajador social considera como primordiales dentro del área laboral en un 98%, mientras que el 2% no considera que este sea tan importante

Gráfica 11.

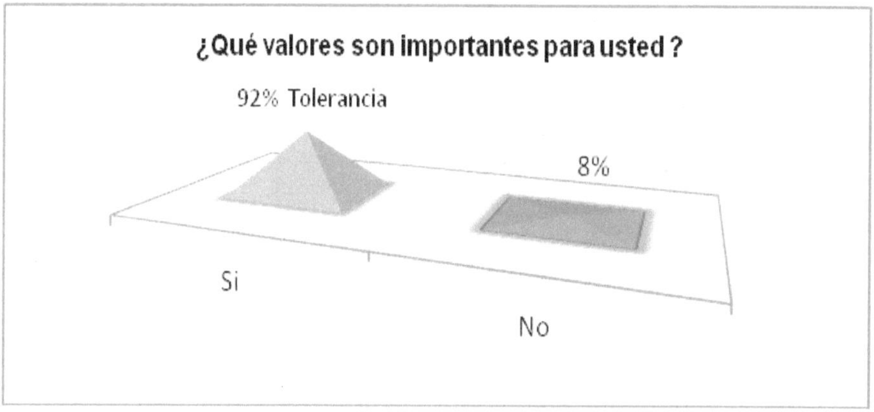

Fuente: Encuesta aplicada a trabajadores sociales, 2025

La tolerancia como valor representa el respeto a una idea o creencia contraria a la que en lo personal es factible, siendo este el 92% uno de los valores ms importantes para los trabajadores sociales encuestados, mientras que el 8% no considera que este sea un valor relevante.

Gráfica 12.

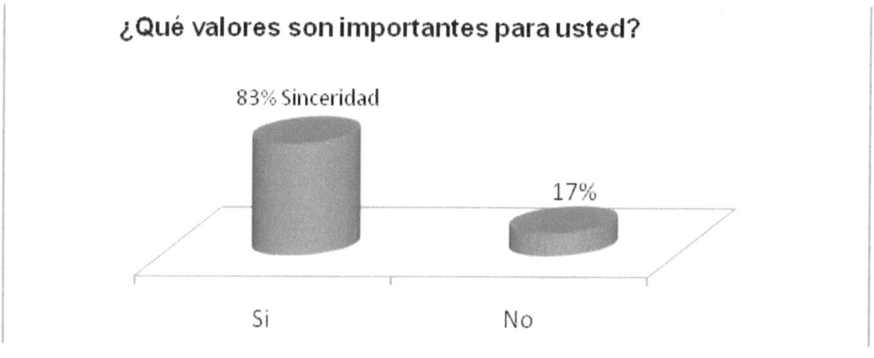

Fuente: Encuesta aplicada a trabajadores sociales, 2025

Para ser sincero se deberá decir siempre la verdad, pero no solo en las palabras que se mencionan, sino también en las actitudes, este valor es importante para un 83% de las personas encuestadas.

Gráfica 13.

Fuente: Encuesta aplicada a trabajadores sociales, 2025

La responsabilidad es aquel valor que está en la conciencia de la persona, el cual implica que los efectos de toda acción sean compatibles con los de la conciencia. Un 99% de los profesionales cuestionados tienen presente la importancia de este valor como tal, mientras que en un 1% no lo consideran del todo importante.

Gráfica 14.

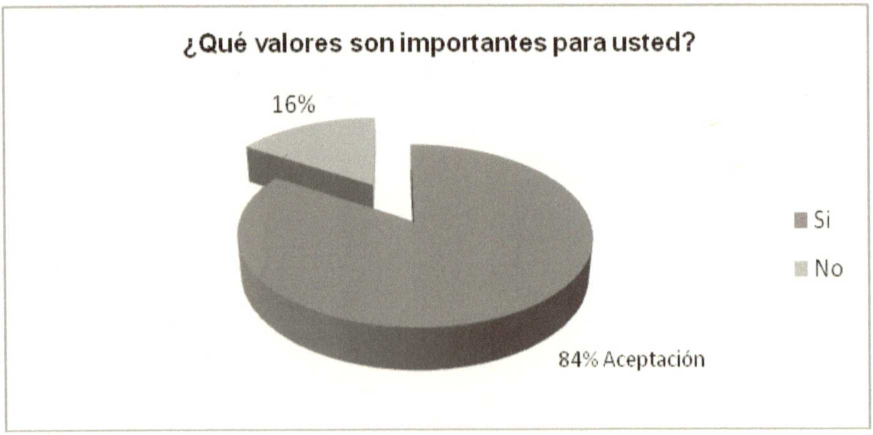

Fuente: Encuesta aplicada a trabajadores sociales, 2025

La aceptación va de la mano con el hecho de no rechazar las ideas, creencias, actitudes de otras personas, este valor va muy amenudeo con la tolerancia y el respeto. El 16% de las trabajadoras sociales a las que se les aplico el instrumento para la recopilación de datos menciona que este valor no es de total importancia, mientras que en un 84% este valor cobra un grado de relevancia en los profesionistas encuestados.

Gráfica 15.

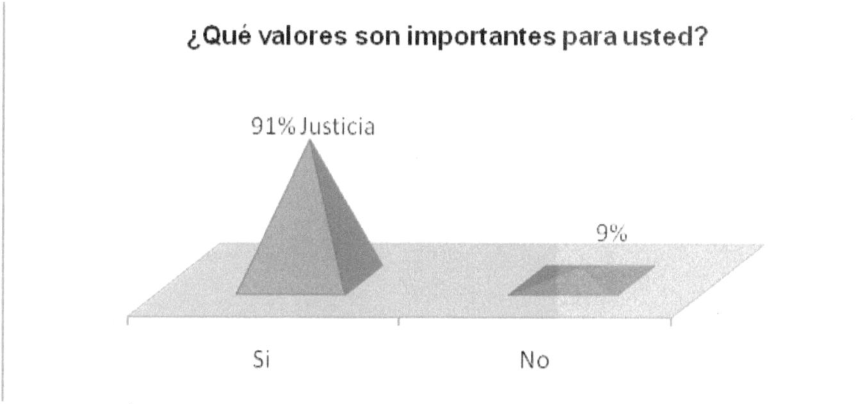

Fuente: Encuesta aplicada a trabajadores sociales, 2025

Darle a cada quien lo que le pertenece, así como obtener lo que cada persona ha logrado con sus propios meritos detona el termino justicia, aunque cada civilización tiene diferente concepción de lo que es el bien común, en un 91% de las personas cuestionadas se marca que dicho valor aún está presente de entre los que se consideran más importantes, mientras que un 9% menciona que este valor no es tan relevante.

Gráfica 16.

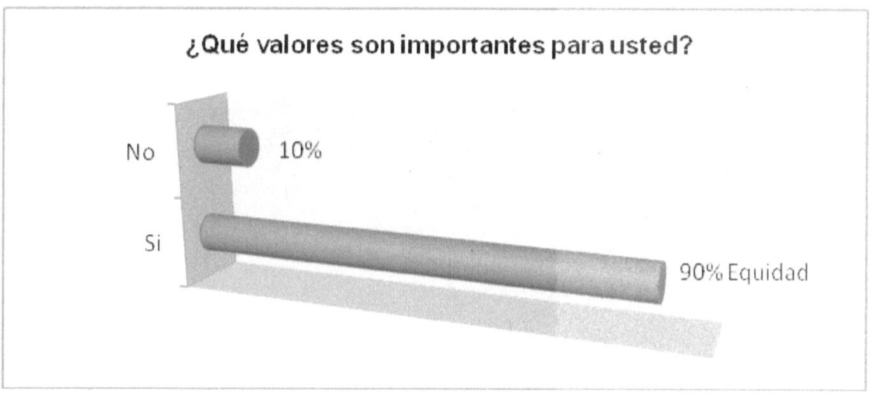

Fuente: Encuesta aplicada a trabajadores sociales, 2025

El afirmar que todos por igual tenemos el mismo grado de responsabilidades y obligaciones es aceptar que existe equidad, es así como en un 90% de los trabajadores sociales consideran este valor importante para el desarrollo profesional y personal.

Gráfica 17.

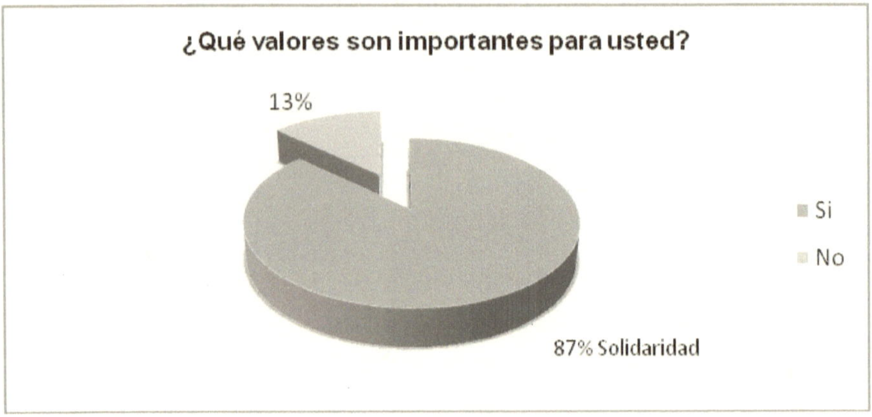

Fuente: Encuesta aplicada a trabajadores sociales, 2025

La solidaridad demuestra aquel buen sentimiento individual para coadyuvar con el desarrollo o bienestar de alguien, la colaboración mutua entre las personas, la manera en que el ser humano se mantenga dentro de su entorno social gracias a la participación de un tercero dispuesto a apoyar. El 87% de las personas cuestionadas afirman que este valor es uno de los más importantes, mientras tanto los 13% restantes comentan que este valor no es tan importante.

Gráfica 18.

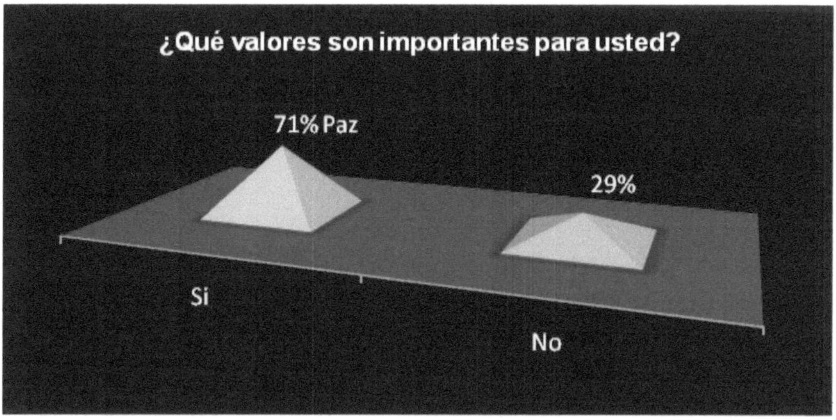

Fuente: Encuesta aplicada a trabajadores sociales, 2025

La paz es el estado de tranquilidad o quietud, quizá un momento de tregua acompañado de respeto y tolerancia, gracias a este valor se han denotado momentos de suma esperanza para aclarar malentendidos o situaciones ásperas; la paz es una salida hacia la culminación de bien por lo regular, es por ello que un 71% de los cuestionarios arrojaron este valor como uno de los más importantes, mientras el 29% contradice la afirmación anterior.

Gráfica 19.

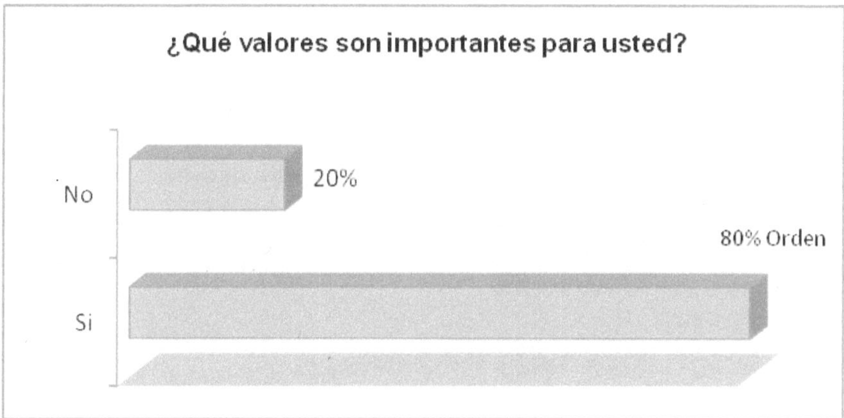

Fuente: Encuesta aplicada a trabajadores sociales, 2025

Colocar adecuadamente las cosas en su lugar en un tiempo y espacio determinado, proyectan el valor del orden, este va de la mano con el sentido de limpieza y control. Un 80% de las personas cuestionadas consideran que el oren es uno de los valores importantes para el desarrollo laboral.

Gráfica 20.

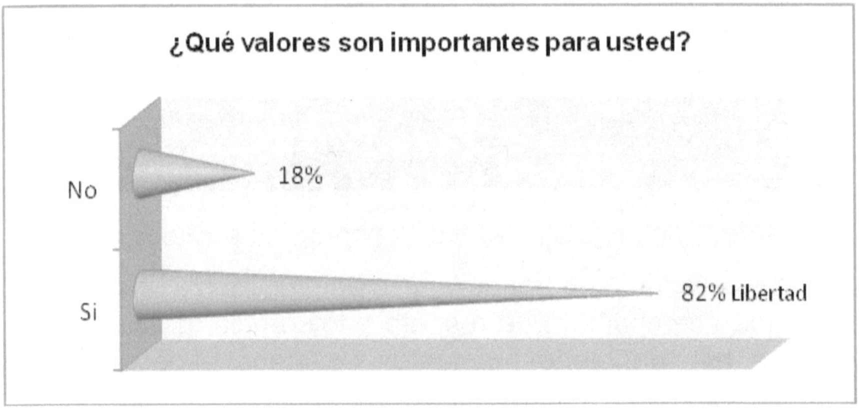

Fuente: Encuesta aplicada a trabajadores sociales, 2025

La libertad suele estar aunada con los valores de justicia e igualdad, esta es la capacidad del hombre para decidir si quiere hacer algo o no, aunque con esta decisión también se hace responsable de sus actos. El 82% de los datos analizados comenta que este valor es importante, mientras que en un 18% se objeta que este no es muy relevante.

Gráfica 21.

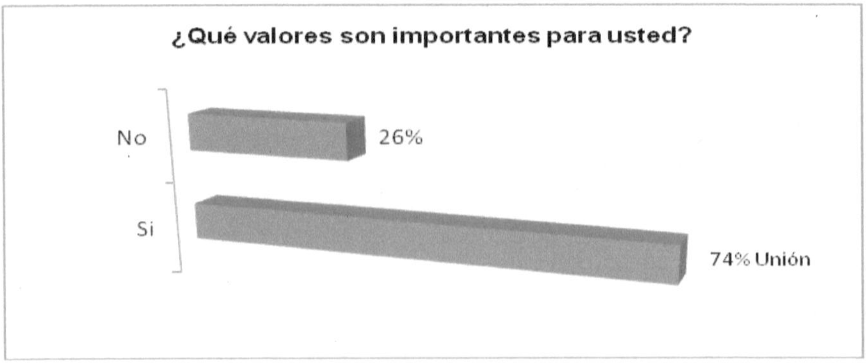

Fuente: Encuesta aplicada a trabajadores sociales, 2025

La unión es cooperación, así como la dispersión de responsabilidades a las personas que están capacitadas para llevar a cabo diferentes labores que contribuyen al desarrollo de distintas formas de bienestar colectivo, tal que será beneficio en la mayoría de los casos para las personas que participaron en esa liga de contribución, siendo así que el 26% de las personas cuestionadas mencionan a este valor no muy relevante, cuando por el contrario el 74% asegura que este es de suma importancia.

Gráfica 22.

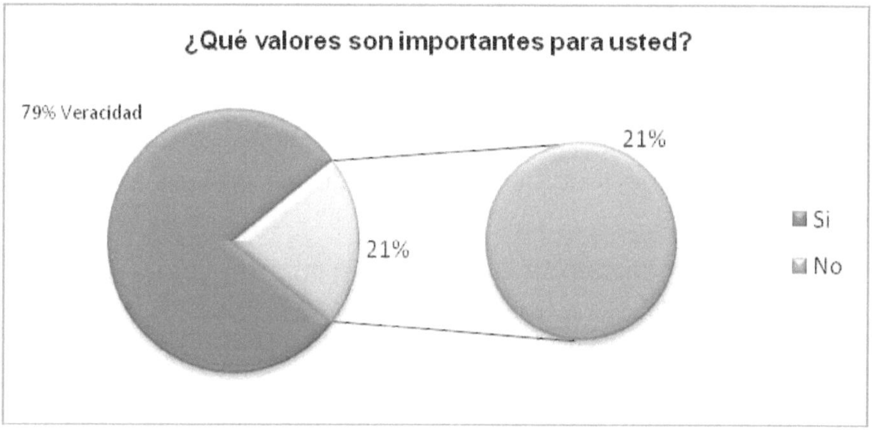

Fuente: Encuesta aplicada a trabajadores sociales, 2025

La veracidad es el valor que da pauta a decir lo que una persona de verdad siente, este equivale a la sinceridad, oponiéndose rotundamente a la falsedad e hipocresía, dentro de campo laboral este valor va acompañado de la ética que se tenga para la declaración de juicios razonables y verídicos en cuanto a los hechos ocurridos, es por ello que el 79% de los trabajadores sociales cuestionados toman este valor como uno de los más importantes dentro de su vida cotidiana y por supuesto en el ámbito profesional.

Del Secreto Profesional, Daño y Reparación Moral

Principios, valores y actitudes constituyen un componente esencial de la competencia profesional del Trabajo Social, el referido a la vertiente ética, está referido a actitudes y comportamientos profesionales entendidos cómo sistemas estables de valoraciones positivas y negativas, de sentimientos, emociones y de tendencias de acción favorables o desfavorables en relación con los objetos sociales.

El Trabajador Social está obligado por la Ética y por la Ley a guardar secreto profesional sobre las confidencias recibidas y actos de que tenga conocimiento, o haya observado en el ejercicio de su actividad profesional, obligándose a exigir el mismo secreto de todos sus colaboradores, con las siguientes excepciones:

- Cuando se tienda a impedir un mal mayor, o un daño grave, injusto y actual al propio usuario, al Trabajador Social, a terceros y al bien común.

  Tal exigencia de secreto sólo se quebrará después de haber sido empleados todos los recursos para que el propio usuario se disponga a revelarlo.

- La develación se hará si es estrictamente necesaria, de la manera más discreta posible, ya sea en relación con el grado o número de personas que deban tomar conocimiento.

- El Trabajador Social no se obliga de deponer, como testigo, sobre hechos de los que tenga conocimiento profesional, sin embargo, si es intimidado a prestar declaración, deberá compadecer ante la autoridad competente para declarar que está ligado a la obligación del secreto profesional.

No es obligación del Trabajador Social denunciar las infracciones a la ley cometidas por los usuarios[18].

- No obliga al secreto profesional:

18 Artículo 14 Constitución Política de los Estados Unidos Mexicanos. 2025

- El guardar la reserva de hechos y de actuaciones que atenten contra la moral y sobre los derechos de los menores e incapaces.
- Cuando una Ley y su reglamento exijan información.

El Trabajador Social puede compartir el secreto profesional con otro u otros colegas que intervengan en el caso, y éstos a su vez estarán obligados a mantenerlo.

El Trabajador Social no incurre en irresponsabilidad cuando revela el secreto profesional en los siguientes casos:

Cuando en calidad de perito actúa como Trabajador Social, en cuyo caso el informe se enviará en sobre cerrado al profesional que lo solicitara, quien a su vez tiene la misma obligación del secreto.

Cuando esta comisionado por autoridad competente para informar a cerca de una realidad social o institucional.

Antecedentes Históricos del Secreto Profesional

El secreto en las profesiones ha tenido un tratamiento desde épocas antiguas en las diferentes costumbres y legislaciones, se remontan al año V A.C con el juramento hipocrático –"todo lo que viere u oyere en mi profesión o fuera de ella, lo guardare con sumo sigilo" en séptimo voto (Córdoba Palacio, pág. 56). El juramento hebreo de Asaf que data de los siglos III y VII reza "no revelarás secretos que se te hayan confiado", la traición católica da un lugar especial a la confidencialidad en el sacramento de reconciliación confesión.

Pero para muchos analistas del tema el secreto impuesto a determinadas actividades deviene de la época de los romanos. Por supuesto, aplicado en términos generales primero y luego en formas más específicas a ciertas profesiones.

> "En esa época existían dos formas de explicar la existencia de ese secreto profesional: la <***conmiso***>, en virtud de la cual la obligación de secreto se imponía, debido a la existencia de una convención anterior a la confidencia, lo cual hacia convertir el acto de confidencia y de recepción en una especie de pacto. La otra forma era <***promiso***>,

que al revés de lo antes señalado suponía que primero se entregaba la confidencia y luego, inmediatamente de recibida, nacía para el depositario, por el solo hecho de la confidencia, la obligación de no revelarla. En el Corpus Juris Civilis del derecho romano, Di gesto (Ley 25 de Test. XXII, V) se hace referencia a la obligación de no propagar secretos respeto de abogados, procuradores y escribanos". (Apuntes de la materia de derecho romano II, Facultad de Derecho UNAM, 2021).

En la actualidad todas las profesiones establecen de diferentes maneras y en forma continua el derecho de las personas a la confidencialidad de aquellas informaciones obtenidas a lo largo de la relación con un profesional.

Modernamente los códigos consideran que esta norma no es absoluta, es decir, que se considera que hay situaciones particulares en las cuales no es obligatorio el secreto profesional, incluso en muchos casos se fijan explícitamente aquellas excepciones a la norma, como cuando son delitos menores, a su cuantía o relevancia social.

El secreto profesional es una obligación de confidencialidad, que se impone por la necesidad de que exista una absoluta confianza entre el profesional y quienes acuden a solicitar sus servicios. Por ejemplo, un acusado no podrá contar toda la verdad a un abogado si luego se pudiese obligar al abogado a declarar como testigo lo que le han contado.

En otros casos, como el de los médicos, el secreto profesional se basa en el respeto a la intimidad del cliente. Existen casos paralelos, pero con algunas diferencias en ciertas figuras religiosas como los sacerdotes.

Los sacerdotes tienen la obligación de mantener el secreto de confesión. Dicha obligación; sin embargo, es paralela a la ley y deberá ser refrenada por el ordenamiento jurídico para que tenga valides ante el juez (lo cual ha planteado más de un problema a los sacerdotes citados como testigos).

La obligación de este tipo, por lo tanto, es esencialmente moral y no jurídica, suele abarcar más de lo que comprende el secreto profesional propiamente dicho. Por ejemplo, el secreto de confesión impide a un sacerdote revelarlo incluso cuando esté en peligro su propia vida, lo cual no ocurre en el secreto profesional.

En el Caso el de las y los Trabajadores Sociales

En la disciplina, el secreto profesional surge como una consecuencia de la existencia de una relación profesional, siendo así un deber, un derecho y por qué no decirlo, también se trata de una obligación entre el trabajador(a) social y sus clientes o pacientes.

Al escuchar la consulta de quien puede transformarse en un paciente posteriormente, la o el trabajador social contrae el deber moral, de guardar el secreto profesional revelado y también contrae el compromiso ético de guardar el secreto profesional, así como el compromiso ético de guardar la reserva o prudencia respectiva, por mucho que no se haya establecido en un contrato de común acuerdo.

Entonces la obligación moral de guardar el secreto profesional y el deber moral de no revelarlo, nace de la dependencia profesional, que puede o no convertirse en contrato ético moral a futuro. De lo que se puede inferir que si se proporciona dicha atención no existe vínculo alguno que una al trabajador social con el paciente; sin embargo, como profesionales, se tendrá siempre la obligación y el deber moral de guardar el secreto de aquello que fue objeto de la consulta.

Como se sabe desde siempre, "secreto", es aquello que se tiene reservado u oculto. Mientras que el "secreto profesional" es deber que tienen los miembros de ciertas profesiones, entre ellos Trabajo Social, de no descubrir los hechos que han sido conocidos por él durante el ejercicio de su profesión. Esto hace que, en buena cuenta que se tenga que actuar muchas veces en el papel de confesor o en *el papel de sacerdote,* pues escucha activamente a las partes y a los pacientes o clientes y trata de "aconsejarlos" con las ideas más adecuadas a cada uno, sin tratar de perjudicarlos, tratando de todas las formas posibles, de salir airosos y ganadores.

Sobre todo siempre privilegiando el derecho a decidir que tienen las personas, dejando claro que la consejería y orientación, se hace desde las propuestas de solución emanadas desde el profesional y desde lo que quiere la persona en cuestión, dando lugar a la toma de decisiones basadas en información científica, real y fidedigna, donde la o el sujeto siempre elige que quiere hacer y cómo actuará ante determinada situación.

Entonces el principio de confidencialidad, a primar por sobre todas las, tratando de mantener absoluta discreción de todo lo actuado y sobre todo de lo expresado o manifestado por el cliente o paciente, mientras no sea el momento justo o necesario en que las autoridades deban tener conocimiento de aquello.

El secreto profesional, nace pues de una relación en la que existe una persona que confía un hecho o confía también un documento y un confidente que recibe la noticia, con la obligación de guardarla y no comunicarla a ninguna persona ajena a la situación. Por lo que, de este modo el secreto es a todas luces el total resultado de la confianza existente. El trabajo social se caracteriza entonces por ser una profesión en el que la confianza es sin lugar a objeciones la principal base.

El cliente o paciente sabe que ha de depositar sus secretos y acude al Trabajo Social, en quien a ciegas confía, y es él, el que pondrá en práctica todos sus conocimientos y saberes éticos, científicos y prácticos para poder tratar de solucionar un problema económico, de salud, de educación, jurídico, etcétera a favor de su cliente o paciente.

El cliente o paciente deposita entonces toda su confianza en el profesional y le revela todo su secreto. Desde ese momento, Trabajo Social debe corresponder la confianza del cliente con lealtad, tiene la obligación de guardar el secreto y trabajar de tal forma en que lo puede ayudar y sacarlo muchas veces de algunas situaciones embarazosas que miles de veces uno se encuentra inmerso sin quererlo y a veces también por el azar y por lo tanto muy injusto.

Se está inmerso en un proceso en que el secreto, es creado por la confianza del cliente y el deber de guardarlo responde a la realdad del experto. El secreto profesional, es pues entonces una relación de confianza e intimidad.

Para culminar esta reflexión, guardar el secreto confiado es fundamental, es una actitud de conciencia que tienen todos los y las Trabajadoras Sociales que ponen en práctica, siendo una muestra de su ética profesional, todo cuanto uno conoce sobre las relaciones del cliente, sus actos o su proceder, sea dentro o fuera del ejercicio profesional, tendrán necesariamente que guardarse en reserva, con total prudencia y discreción y no solo por no perjudicar al cliente o paciente, sino como ya se ha establecido, porque el secreto es sinónimo y garantía de respeto, que tanto anhelamos sea de estricto cumplimiento en nuestro medio, teniendo el pleno conocimiento y tratar de ser prudentes es el resultado de un arduo trabajo.

El ***secreto profesional*** desde un punto de vista personal lo consideramos como: la obligación, deber y derecho que tiene todo profesional de guardar silencio sobre las cuestiones de cuya existencia se tenga conocimiento en virtud o en ocasiones, del ejercicio licito de la profesión como lo es el caso de trabajo social y es una obligación acatar el marco jurídico impositivo que lo rige y que excluye la elección de divulgar salvo excepciones legales.

A la vez es un deber por reconocer un marco ético que lo proteja, que considere el privilegio autonómico por encima de otros principios, salvo el dilema planteado que avalen la difusión. El secreto se puede analizar desde tres ópticas:

- *Legal:* Marcada por las disposiciones que hacen alusión, a sanciones por incumplimiento, excepciones, alcances de las obligaciones de mantener reserva.
- *Ética:* lo determinado por los códigos de ética y por planos orales y conciencia que debe respetar el profesional durante su ejercicio.
- *Trabajo social asistencial:* el problema se vincula a la poca empatía que existe entre trabajos social y paciente o cliente, es por eso que se puede deducir que el secreto profesional nace de la práctica profesional a raíz de los principios y valores de cada profesionista.

Clasificación del Secreto Profesional

Existen tres clases de secretos:

1. El ***secreto natural*** es independiente de todo contrato, se extiende a todo lo que, ya sea descubierto por casualidad, por investigación personal o por confidencia, y no puede divulgarse. Aunque el depositario del secreto no haya prometido guardar secreto, ni antes ni después de haberse manifestado el hecho o de haberlo descubierto, está obligado a callar, en virtud del precepto moral que prohíbe perjudicar a los demás sin motivo razonable.
2. El ***secreto prometido***, nace de un contrato, de la promesa de guardar silencio después de haber conocido el hecho, ya sea por casualidad, por investigación personal o por confidencia espontanea o provocada. Un mismo secreto puede ser a la vez natural y prometido. Será natural cuando la cosa de suyo requiera sigilo, pero si además va acompañado de una promesa, también será prometido.
3. El ***secreto confiado***, también dimana de una promesa explicita o tacita hecha antes de recibir la confidencia de lo que se oculta. Se le comunica que previamente ha prometido, expresa tácitamente por la razón de su oficio o al menos de las circunstancias, guardar silencio y le es participado lo que se mantenía oculto, añadiendo que se le revela confiado en su promesa bajo el sello del secreto. El secreto pasa entonces a ser estrictamente confidencial o profesional; confidencial, cuando la confidencia se ha hecho a un hombre que está obligado, por razón de su oficio a prestar ayuda o a dar consejo. Profesional cuando se ha confiado, ya de palabra, ya en sus acciones, a una persona a quien su profesión obliga a asistir a los demás con sus consejos o cuidados, por ejemplo: abogado(a), contador(a), médico(a), sacerdote, consejero(a) de oficio.

Violación del Secreto Profesional y su Responsabilidad Penal

El secreto profesional se vulnera en los siguientes casos:

- Se puede producir daño en forma directa, es decir, en forma consciente y premeditada.
- Se vulnera en forma intencional pero indirecta
- A través de una confidencia a otra persona
- A través de una conversación informal, con ligereza.

Del secreto profesional en la labor del Trabajo Social

Principios, valores y actitudes constituyen un componente esencial de la competencia profesional del trabajo social, el respectivo a la vertiente ética, está referido a actitudes y comportamientos profesionales entendidos como sistemas estables de valoración positiva y negativa, de sentimiento y emociones y de tendencias de acción favorables o desfavorables en relación con los objetos sociales.

Los profesionales del Trabajo Social están obligados por la ética y por la ley, a guardar secretos sobre las confidencias recibidas y actos de que tenga conocimiento, o haya observado en el ejercicio de su actividad profesional, obligándose a exigir el mismo secreto de todos sus colaboradores, con las siguientes excepciones:

- Cuando se tienda a impedir un mal mayor, o un daño grave, injusto y actual al propio usuario, al trabajador social, a terceros y al bien común.
- Tal exigencia de secreto solo se quebrará después de haber sido empleado todos los recursos para que el propio usuario se disponga a revelarlo.
- La develación se hará si es estrictamente necesaria, de la manera más discreta posible, ya sea en relación con el grado o número de personas que deban tomar conocimiento.

El trabajador social no se obliga de deponer como testigo, sobre hechos de los que tenga conocimiento profesional; sin embargo, si es intimidad a prestar declaración. Deberá comparece ante la autoridad competente para declarar que está ligado a la obligación del secreto profesional.

No es obligación del Trabajador Social denunciar las infracciones a la ley cometidas por los usuarios.

No obliga al secreto profesional a:

- Guardar la reserva de hechos y de actuaciones que atenten contra la moral y sobre los derechos de los menores e incapaces.
- Cuando una Ley y su reglamento exija información.
- El Trabajo Social puede compartir el secreto profesional con otro u otros colegas que intervengan en el caso, y estos a su vez estarán obligados a mantenerlos.
- El Trabajo Social no incurre en irresponsables cuando revela el secreto profesional en los siguientes casos:
    - Cuando en calidad de perito actúa como Trabajador Social, que en cuyo caso el informe se enviara en el sobre cerrado al profesional que lo solicitara, quien a su vez tienen la misma obligación del secreto.
- Cuando esta comisionado por autoridad competente para informar a cerca de una realidad social o institucional.

La Responsabilidad Penal y Civil del Perito en Trabajo Social en la Revelación del Secreto Profesional desde algunas leyes Locales y Códigos Federales en México.

Delito por revelación de secreto profesional, de acuerdo con el Código Nacional de Procedimientos Penales, 2025.

Artículo 362. Deber de guardar secreto

Es inadmisible el testimonio de personas que, respecto del objeto de su declaración, tengan el deber de guardar secreto con motivo del conocimiento que tengan de los hechos en razón del oficio o profesión, tales como ministros religiosos, abogados, visitadores de derechos humanos, médicos, psicólogos, farmacéuticos y enfermeros, así como los funcionarios públicos sobre información que no es susceptible de divulgación según las leyes de la materia. No obstante, estas personas no podrán negar su testimonio cuando sean liberadas por el interesado del deber de guardar secreto.

En caso de ser citadas, deberán comparecer y explicar el motivo del cual surge la obligación de guardar secreto y de abstenerse de declarar.

Capítulo II Revelación de Secretos del Código penal del Distrito Federal, 2025.

- **Artículo 213. CDMX. -** Al que sin consentimiento de quien tenga derecho a otorgarlo y en perjuicio de alguien, revele un secreto o comunicación reservada, que por cualquier forma haya conocido o se le haya confiado, o lo emplee en provecho propio o ajeno, se le impondrán prisión de seis meses a dos años y de veinticinco a cien días multa.
- Si el agente conoció o recibió el secreto o comunicación reservada con motivo de su empleo, cargo, profesión, arte u oficio, o si el secreto fuere de carácter científico o tecnológico, la prisión se aumentará en una mitad y se le suspenderá de seis meses a tres años en el ejercicio de la profesión, arte u oficio.
- Cuando el agente sea servidor público, se le impondrá, además, destitución e inhabilitación de seis meses a tres años.

Capítulo II Falsedad ante Autoridades

- **Artículo 311.** Quien al declarar ante autoridad en ejercicio de sus funciones o con motivo de ellas, faltare a la verdad en relación con los hechos que motivan la intervención de ésta, será sancionado con pena de dos a seis años de prisión y de cien a trescientos días multa.
- Si la falsedad en declaración se refiere a las circunstancias o accidentes de los hechos que motivan la intervención de la autoridad, la pena será de uno a tres años de prisión y de cincuenta a ciento cincuenta días multa. (REFORMADO, G.O.D.F. 18 DE DICIEMBRE DE 2014).
- **Artículo 312.-** A quien con el propósito de inculpar o exculpar a alguien indebidamente en un procedimiento penal, ante el Ministerio Público o ante la autoridad judicial, declare falsamente en calidad de testigo o como denunciante, además de la multa a que se refiere el primer párrafo del artículo 311, será sancionado con pena de tres a siete años de prisión si el delito materia de la averiguación previa, la investigación o del proceso no es grave. Si el delito es grave, se impondrá de cinco a diez años de prisión.
- **Artículo 313.** Al que examinado como perito por la autoridad judicial o administrativa dolosamente falte a la verdad en su dictamen, se le impondrán de tres a ocho años de prisión y de cien a trescientos días multa, así como suspensión para desempeñar profesión u oficio, empleo, cargo o comisión públicos hasta por seis años.
- **Artículo 314**. Si el agente se retracta espontáneamente de sus declaraciones falsas o de su dictamen, antes de que se pronuncie resolución en la etapa procedimental en la que se conduce con falsedad, sólo se le impondrá la multa a que se refiere el artículo anterior. Si no lo hiciere en dicha etapa, pero sí antes de dictarse en segunda instancia, se le impondrá pena de tres meses a un año de prisión.
- **Artículo 315.** Al que aporte testigos falsos conociendo esta circunstancia, o logre que un testigo, perito, intérprete o traductor falte a la verdad o la oculte al ser examinado

por la autoridad pública en el ejercicio de sus funciones, se le impondrán de seis meses a cinco años de prisión y de cincuenta a doscientos días multa.

- **Artículo 316.** Además de las penas a que se refieren los artículos anteriores, se suspenderá hasta por tres años en el ejercicio de profesión, ciencia, arte u oficio al perito, intérprete o traductor, que se conduzca falsamente u oculte la verdad, al desempeñar sus funciones.

Estado de Guerrero como ejemplo modelo en la responsabilidad Penal de Revelación de Secreto Profesional

Artículo 138 del Código Penal para el estado de Guerrero, 2021. – Al que sin consentimiento revele secreto, se le impondrá prisión de tres meses a un año. Hasta cincuenta días multa y suspensión de sus funciones en su caso. De tres meses a un año. Por querella. Código penal del estado de Guerrero 2021.

Estado de Hidalgo como otro ejemplo de tipificación de Revelación de Secreto Profesional

Código Penal Para el Estado de Hidalgo, 2021 (Revelación de Secreto)

- **Artículo 176.-** Al que sin consentimiento revele o lo emplee en provecho propio en perjuicio de alguien, se le impondrá prisión de tres meses a cinco años y de 5 a 40 días multa y suspensión, privación e inhabilitación de derechos, cargos, empleos, funciones, comisiones, según el caso, de dos meses a un año.
- **Artículo 177.-** La punibilidad a que se hace referencia en el artículo anterior se aumentará una mitad, cuando el secreto se revele o se use en beneficio propio por servidor público o por querella.

Título Sexto Delitos Contra el Honor Capítulo I Difamación

- **Artículo 191.-** Al que, mediante comunicación dolosa a otro, impute a una persona física o colectiva cause descrédito, deshonra o afecte su reputación, se le impondrá prisión de tres meses a dos años o multa de 15 a 150 días.

Capítulo II Calumnia

- Artículo 194.- Al que impute falsamente a otro un hecho se impondrá prisión de tres meses a dos años y multa de 5 a 50 días.

Del Código Nacional de Procedimientos Penales (2025), **Artículo 215. Obligación de suministrar información, cual no significa violentar el secreto profesional en el caso de las periciales de Trabajo Social.**

- Todapersonaoservidorpúblicoestáobligadoaproporcionar oportunamente la información que requieran el Ministerio Público y la Policía en el ejercicio de sus funciones de investigación de un hecho delictivo concreto. En caso de ser citados para ser entrevistados por el Ministerio Público o la Policía, tienen obligación de comparecer y sólo podrán excusarse en los casos expresamente previstos en la ley. En caso de incumplimiento, se incurrirá en responsabilidad y será sancionado de conformidad con las leyes aplicables.

Artículo 222. Deber de denunciar

- Toda persona a quien le conste que se ha cometido un hecho probablemente constitutivo de un delito está obligada a denunciarlo ante el Ministerio Público y en caso de urgencia ante cualquier agente de la Policía.
- Quien en ejercicio de funciones públicas tenga conocimiento de la probable existencia de un hecho que la ley señale como delito, está obligado a denunciarlo inmediatamente al Ministerio Público, proporcionándole todos los datos que tuviere, poniendo a su disposición a los imputados, si hubieren sido detenidos en flagrancia. Quien tenga el deber jurídico de denunciar y no lo haga, será acreedor a las sanciones correspondientes.
- No estarán obligados a denunciar quienes al momento de la comisión del delito detenten el carácter de tutor, curador, pupilo, cónyuge, concubina o concubinario, conviviente del imputado, los parientes por consanguinidad o por afinidad en la línea recta ascendente o descendente

hasta el cuarto grado y en la colateral por consanguinidad o afinidad, hasta el segundo grado inclusive.

Artículo 275. Peritajes especiales

- Cuando deban realizarse diferentes peritajes a personas agredidas sexualmente o cuando la naturaleza del hecho delictivo lo amerite, deberá integrarse un equipo interdisciplinario con profesionales capacitados en atención a víctimas, con el fin de concentrar en una misma sesión las entrevistas que ésta requiera, para la elaboración del dictamen respectivo.

Descripción legal del tipo penal: Código Penal Federal, 2025.

- **Artículo 210** – se impondrá de treinta a doscientas jornadas de trabajo a favor de la comunidad, al que, sin justa causa, con prejuicio de alguien y sin consentimiento de que pueda resultar perjudicado, revele algún secreto o comunicación reservada que conoce o ha recibido con motivo de su empleo, cargo o puesto.
- **Artículo. 211** - La sanción será de uno a cinco años, multa de cincuenta a quinientos pesos y suspensión de profesión en su caso de dos meses un año cuando la revelación punible sea hacha por persona que resta sus servicios profesionales o técnicos o por funcionario o empleado público o cundo el secreto revelado o publicado sea de carácter industrial.

Código Penal Para el Estado de Hidalgo (Revelación de Secreto)

- **Artículo 176.-** Al que sin consentimiento de quien tenga derecho a otorgarlo revele o entregue un secreto que por cualquier forma haya conocido o se le haya confiado, o lo emplee en provecho propio o ajeno o en perjuicio de alguien, se le impondrá prisión de tres meses a cinco años y de 5 a 40 días multa y suspensión, privación e inhabilitación de derechos, cargos, empleos, funciones, comisiones o profesiones, según el caso, de dos meses a un año, si de la revelación o empleo pudiera resultar un perjuicio para alguien.

- **Artículo 177**.- La punibilidad a que se hace referencia en el artículo anterior se aumentará una mitad, cuando el secreto se revele o se use en beneficio propio o ajeno, por persona que preste servicios profesionales o técnicos o por servidor público, o bien, si el secreto fuere de carácter científico o industrial.
- **Artículo 178**.- Los delitos previstos en este título se perseguirán por querella; su punibilidad se aplicará sin perjuicio de la que corresponda si resultare la comisión de algún otro delito.

Título sexto Delitos Contra el Honor Capítulo I de Difamación

Artículo 191.- Al que mediante comunicación dolosa a otro, impute a una persona física o colectiva hecho que cause a ésta descrédito, deshonra o afecte su reputación, se le impondrá prisión de tres meses a dos años o multa de 15 a 150 días.

Capítulo II de Calumnia

Artículo 194.- Al que impute falsamente a otro un hecho que la Ley califique como delito, a sabiendas de que éste no existe o de que el imputado no es responsable del mismo, se impondrá prisión de tres meses a dos años y multa de 5 a 50 días.

Capítulo III Disposiciones Comunes para los Delitos Contra el Honor

Artículo 198.- No se podrá proceder contra el responsable de algún delito de los que comprende este título, sino por querella de la persona ofendida.

Código Nacional de Procedimientos Penales 2014

Artículo 264. Nulidad de la prueba Se considera prueba ilícita cualquier dato o prueba obtenidos con violación de los derechos fundamentales, lo que será motivo de exclusión o nulidad.

Artículo 273. Acceso a los indicios

- Los peritos que elaboren los dictámenes tendrán en todo momento acceso a los indicios sobre los que versarán los mismos, o a los que se hará referencia en el interrogatorio.

Sobre la Prueba

Artículo 357. Legalidad de la prueba

La prueba no tendrá valor si ha sido obtenida por medio de actos violatorios de derechos fundamentales, o si no fue incorporada al proceso conforme a las disposiciones de este Código.

Artículo 362. Deber de guardar secreto

Es inadmisible el testimonio de personas que respecto del objeto de su declaración, tengan el deber de guardar secreto con motivo del conocimiento que tengan de los hechos en razón del oficio o profesión, tales como ministros religiosos, abogados, visitadores de derechos humanos, médicos, psicólogos, farmacéuticos y enfermeros, así como los funcionarios públicos sobre información que no es susceptible de divulgación según las leyes de la materia. No obstante, estas personas no podrán negar su testimonio cuando sean liberadas por el interesado del deber de guardar secreto.

En caso de ser citadas, deberán comparecer y explicar el motivo del cual surge la obligación de guardar secreto y de abstenerse de declarar.

Otras Pruebas

Artículo 388. Otras pruebas

Además de las previstas en este Código, podrán utilizarse otras pruebas cuando no se afecten los derechos fundamentales.

Código Penal Federal Capítulo V Falsedad en Declaraciones Judiciales y en Informes Dados a una Autoridad

Artículo 247 Bis.- Se impondrán de cinco a doce años de prisión y de trescientos a quinientos días multa:

- Al que examinado por la autoridad judicial como testigo o perito, faltare a la verdad sobre el hecho que se trata de averiguar, o aspectos, cantidades, calidades u otras circunstancias que sean relevantes para establecer el sentido de una opinión o dictamen, ya sea afirmando, negando u ocultando maliciosamente la existencia de algún dato que pueda servir de prueba de la verdad o falsedad del hecho principal, o que aumente o disminuya su gravedad, o que sirva para establecer la naturaleza o particularidades de orden técnico o científico que importen para que la autoridad pronuncie resolución sobre materia cuestionada en el asunto donde el testimonio o la opinión pericial se viertan.
- Cuando al sentenciado se le imponga una pena de más de veinte años de prisión por el testimonio o peritaje falsos, la sanción será de ocho a quince años de prisión y de quinientos a ochocientos días multa. *Artículo adicionado DOF 23-01-2009.*

Artículo 248.- El testigo, perito o intérprete que retracte espontáneamente sus falsas declaraciones rendidas ante cualquier autoridad administrativa o ante la judicial antes de que se pronuncie sentencia en la instancia en que las diere, sólo pagará de 30 a 180 días multa, pero si faltare a la verdad al retractar sus declaraciones, se le aplicará la sanción que corresponda con arreglo a lo prevenido en este capítulo, considerándolo como reincidente. *Artículo reformado DOF 05-01-1955, 30-12-1991*

Artículo 248 Bis.- Al que con el propósito de inculpar a alguien como responsable de un delito ante la autoridad, simule en su contra la existencia de pruebas materiales que hagan presumir su responsabilidad, se le impondrá prisión de dos a seis años y de cien a trescientos días multa. *Artículo adicionado DOF 10-01-1994*

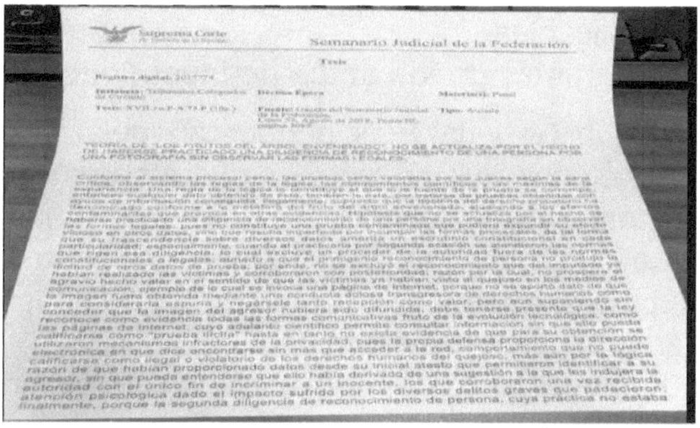

Supremа Corte

Semanario Judicial de la Federación

Tesis

TEORÍA DE "LOS FRUTOS DEL ÁRBOL ENVENENADO". NO SE ACTUALIZA POR EL HECHO DE HABERSE PRACTICADO UNA DILIGENCIA DE RECONOCIMIENTO DE UNA PERSONA POR UNA FOTOGRAFÍA SIN OBSERVAR LAS FORMAS LEGALES.

Metáfora del "fruto del árbol envenenado", 2025

La metáfora del "fruto del árbol envenenado" Proviene del derecho Anglosajón. Tal figura fue acuñada en la reforma Constitucional, con precisión el artículo 20, inciso A, fracción IX: Cualquier prueba obtenida con violación de derechos fundamentales será nula.

- **A toda regla recae una excepción, tratándose de prueba ilegalmente obtenida, las excepciones para que aquella ilícitamente obtenida sea valorada por el Juez son:**
- **1. Fuente independiente.**
- **2. Descubrimiento inevitable.**
- **3. Nexo atenuado.**

Artículo 213. Objeto de la investigación

La investigación tiene por objeto que el Ministerio Público reúna indicios para el esclarecimiento de los hechos y, en su caso, los datos de prueba para sustentar el ejercicio de la acción penal, la acusación contra el imputado y la reparación del daño.

Artículo 215. Obligación de suministrar información

Toda persona o servidor público está obligado a proporcionar oportunamente la información que requieran el Ministerio Público y la Policía en el ejercicio de sus funciones de investigación de un hecho delictivo concreto. En caso de ser citados para ser entrevistados por el Ministerio Público o la Policía, tienen obligación de comparecer y sólo podrán excusarse en los casos expresamente previstos en la ley. En caso de incumplimiento, se incurrirá en responsabilidad y será sancionado de conformidad con las leyes aplicables.

Artículo 217. Registro de los actos de investigación

El Ministerio Público y la Policía deberán dejar registro de todas las actuaciones que se realicen durante la investigación de los delitos, utilizando al efecto cualquier medio que permita garantizar que la información recabada sea completa, íntegra y exacta, así como el acceso a la misma por parte de los sujetos que de acuerdo con la ley tuvieren derecho a exigirlo.

Cada acto de investigación se registrará por separado, y será firmado por quienes hayan intervenido. Si no quisieren o no pudieren firmar, se imprimirá su huella digital. En caso de que esto no sea posible o la persona se niegue a imprimir su huella, se hará constar el motivo.

El registro de cada actuación deberá contener por lo menos la indicación de la fecha, hora y lugar en que se haya efectuado, identificación de los servidores públicos y demás personas que hayan intervenido y una breve descripción de la actuación y, en su caso, de sus resultados.

Artículo 264. Nulidad de la prueba

Se considera prueba ilícita cualquier dato o prueba obtenidos con violación de los derechos fundamentales, lo que será motivo de exclusión o nulidad.

Las partes harán valer la nulidad del medio de prueba en cualquier etapa del proceso y el juez o Tribunal deberá pronunciarse al respecto.

Artículo 273. Acceso a los indicios

Los peritos que elaboren los dictámenes tendrán en todo momento acceso a los indicios sobre los que versarán los mismos, o a los que se hará referencia en el interrogatorio.

Disposiciones Generales Sobre la Prueba

Artículo 356. Libertad probatoria

Todos los hechos y circunstancias aportados para la adecuada solución del caso sometido a juicio, podrán ser probados por cualquier medio pertinente producido e incorporado de conformidad con este Código.

Artículo 357. Legalidad de la prueba

La prueba no tendrá valor si ha sido obtenida por medio de actos violatorios de derechos fundamentales, o si no fue incorporada al proceso conforme a las disposiciones de este Código.

Sección I Prueba Testimonial

Artículo 362. Deber de guardar secreto

Es inadmisible el testimonio de personas que respecto del objeto de su declaración, tengan el deber de guardar secreto con motivo del conocimiento que tengan de los hechos en razón del oficio o profesión, tales como ministros religiosos, abogados, visitadores de derechos humanos, médicos, psicólogos, farmacéuticos y enfermeros, así como los funcionarios públicos sobre información que no es susceptible de divulgación según las leyes de la materia. No obstante, estas personas no podrán negar su testimonio cuando sean liberadas por el interesado del deber de guardar secreto.

En caso de ser citadas, deberán comparecer y explicar el motivo del cual surge la obligación de guardar secreto y de abstenerse de declarar.

Sección V Prueba documental y material

Artículo 380. Concepto de documento

Se considerará documento a todo soporte material que contenga información sobre algún hecho. Quien cuestione la autenticidad del documento tendrá la carga de demostrar sus afirmaciones. El Órgano jurisdiccional, a solicitud de los interesados, podrá prescindir de la lectura íntegra de documentos o informes escritos, o de la reproducción total de una videograbación o grabación, para leer o reproducir parcialmente el documento o la grabación en la parte conducente.

Daño y Reparación Moral

En algunos estado de la República mexicana, la obligación de reparar pecuniariamente el daño a modo de restituir la situación patrimonial que con anterioridad tenía el particular, se lleva a cabo generalmente a través de la indemnización; en la legislación secundaria queda superada en gran parte la teoría de la culpa que daba lugar a la responsabilidad subjetiva del agente que causa el daño, verificándose su traslación a la responsabilidad objetiva, en cuanto a que es la producción del daño la determinante de la responsabilidad, mismo que debe ser imputable, para que sea posible su reparación.

En este sentido, aunque Manuel Bejarano Sánchez señala como responsabilidad objetiva la provocada por el maquinismo decimonónico, denominada en la doctrina como la responsabilidad objetiva por riesgo creado, la tendencia internacional se ha visto claramente reflejada en nuestro código civil, y en otros ordenamientos actualmente en desarrollo, por lo que en esta clase se debe hacer la distinción entre ambas, para evitar la lógica confusión que puede acaecer en tanto se actualiza la doctrina a la nuevas circunstancias jurídicas que actualmente podemos presenciar.

Esta aclaración no pretende desvirtuar el elemento culpa, que se encuentra presente en la legislación nacional y que aún siguen muchos códigos estatales, ya que la fuente de las obligaciones emanadas del hecho ilícito (trátese de responsabilidad civil contractual o extracontractual).

Definición de "Daño".

Lato sensu, el término se refiere a toda suerte de mal material o moral.

Más particularmente, en Derecho Civil, la palabra "daño" representa al detrimento, perjuicio menoscabo que por acción de otro se recibe en la persona o en los bienes.

El daño puede provenir de dolo, de culpa o de caso fortuito, según el grado de malicia, negligencia o casualidad de entre el autor y el efecto. En principio, el daño doloso obliga al resarcimiento y acarrea una sanción penal; el culposo suele llevar consigo tan solo indemnización, y el fortuito exime en la generalidad de los casos, dentro de la complejidad de esta materia.

Rafael Piña Varo, en su Diccionario de Derecho,[19] define el daño como la perdida o menoscabo sufrido en el

19 DICCIONARIO JURÍDICO MEXICANO. E, Porrúa-UNAM-Insituto de Investigaciones Jurídi-

patrimonio por la falta de cumplimiento de una obligación (Art. 2108 del Código Civil para el D. F., 2025).

Esta definición se debe entender en el sentido de daño material. El daño también puede ser moral.

También se define como el mal, perjuicio, deterioro causado a una persona por otra u otras, o por el hecho de las cosas. De este modo, en el ámbito federal, el Artículo 2108 del Código Civil vigente, entiende por daño "la perdida o menoscabo sufrido en el patrimonio por la falta de cumplimiento de una obligación."

Reparación del Daño en la Legislación Nacional.

Breves a Antecedentes de la Relación del Daños en Nuestras Constituciones

Constitución de Apatzingán promulgada en 1814

Fue realmente la primera Constitución escrita en México, dentro del juicio, aseguró el derecho humano de audiencia, la presunción de inocencia y otra serie de derechos humanos como la propiedad, el derecho a la cultura, industria o comercio, a la instrucción, a la inviolabilidad del domicilio, a la libre expresión de las ideas .

Sin embargo, este denominado formalmente Decreto para la Libertad de la América Mexicana, ninguna referencia hizo a los derechos humanos del ofendido o la víctima del delito y por supuesto a la reparación del daño causado..

Constitución de 1824

Entro en vigor un poco más de 30 años en el país, y que si bien prohibió toda clase de tormentos, la aplicación retroactiva de la ley, la pena de confiscación de bienes, previó la intrascendencia de las penas, la autoincriminación en juicio y algunos medios alternativos de solución de controversias, como el arbitraje, realmente no reguló las llamadas garantías individuales y por consecuencia, lamentablemente las del ofendido o la víctima en el proceso

---

cas, 2025. T. I, letra A-CH.

Constitución de 1857

estableció derechos públicos subjetivos como la libertad de expresión, la de reunión, abolió la prisión por deudas civiles, el tormento y la pena de muerte; en el proceso penal reconoció todo un catálogo de derechos al acusado, como el de audiencia, el derecho a la defensa, etc., sin embargo, del ofendido o de la víctima, nada.

Constitución de 1917

Tampoco en la Constitución de 1917, figura disposición alguna que aluda a la reparación del daño en favor de la víctima o del ofendido por el delito.

En cuanto a la reparación del daño, se reconoce que debe consistir en el restablecimiento de la situación anterior a él, y cuando ello sea imposible, en el pago total de los daños y perjuicios de orden económico y moral que permitan compensar a la víctima.

Aunque la figura del daño se considera en prácticamente toda la legislación federal, la reparación del daño se prevé en los siguientes ordenamientos:

- CONSTITUCIÓN POLÍTICA DE LOS ESTADOS UNIDOS MEXICANOS
- CÓDIGO NACIONAL DE PROCEDIMIENTOS PENALES
- CÓDIGO PENAL FEDERAL
- CONDIGO NACIONAL DE PROCEDIMIENTOS CIVILES Y FAMILIARES
- CÓDIGO CIVIL FEDERAL
- CÓDIGO DE JUSTICIA MILITAR
- LEY NACIONAL DE MEDIOS ALTERNATIVOS DE SOLUCUÓN DE CONTROVESRIAS EN MATERIA PENAL
- LEY NACIONAL DE MEDIOS ALTERNATIVOS DE SOLUCUÓN DE CONTROVESRIAS
- LEY AGRARIA
- LEY DE AMPARO

- LEY DE AMNISTÍA
- LEY DE TRATAMIENTO DE MENORES INFRACTORES
- LEY FEDERAL DE PROTECCIÓN AL CONSUMIDOR
- LEY GENERAL DE BIENES NACIONALES
- LEY DE VÍCTIMAS
- LEY NACIONAL DE EJECUCIÓN PENAL entre otras

Para los efectos de la reparación, se considera como daño emergente el detrimento, menoscabo o destrucción material de bienes, con independencia de los efectos patrimoniales o de otra índole que el mal origine. El daño emergente, la pérdida de sobrevenida al acreedor por culpa u obra del deudor, al no cumplir la obligación, se traduce en una disminución de su patrimonio.

La reparación del daño, del proceso penal, idealmente consistiría en volver las cosas al estado que tenían antes de cometerse el delito.

Sin embargo, en muchos casos la misma naturaleza del delito de que se trate, los efectos que produce en la vida, en la salud o integridad física o psíquica de las personas y otros factores más, imposibilitan que las cosas regresen a su estado original, anterior al hecho delictuoso. La ley en esos casos, reconoce que la reparación del daño debe darse en forma expedita, proporcional y justa y comprender la afectación sufrida por la víctima en su integridad física, así como el daño moral. El resarcimiento de los daños comprende igualmente, el de los perjuicios o ganancias lícitas que no se percibieron por efecto del delito.

Por otra parte en cuanto al fuero común en materia de daño moral tenemos al código civil para el estado de Tabasco como uno de los más avanzados en materia de Daño y reparación moral el cual establece en sus artículos…

ARTÍCULO 2023.- Concepto. - Cuando un hecho cause ***daños*** y ***perjuicios*** a una persona y la ley imponga al autor de este hecho o a otra persona distinta la obligación de reparar esos ***daños*** y ***perjuicios***, hay **responsabilidad civil.**

Los ***daños*** y ***perjuicios*** cuya reparación impone la ley, pueden provenir de un hecho ilícito, según se dispone en este Título o de un hecho lícito, de acuerdo en este segundo caso con lo establecido también en este Código, en los artículos 2070 y 2074.

ARTÍCULO 2024.- Obligación de reparar los ***daños*** y ***perjuicios***. - El autor de un hecho ilícito debe reparar los ***daños*** y ***perjuicios*** que con tal hecho cause a otra persona, a menos que demuestre que el ***daño*** o el ***perjuicio*** se produjo como consecuencia de culpa o negligencia inexcusable de la víctima. Esta responsabilidad puede ser a cargo de una persona que no sea la autora del hecho ilícito, en los casos en que así lo disponga la ley.

Los integrantes de la familia que resulten responsables de violencia familiar, deberán reparar los ***daños*** y ***perjuicios*** que ocasionen con dicha conducta, con autonomía de otro tipo de sanciones que éste y otros ordenamientos legales establezcan.

Lo que es notorio, es que en materia de responsabilidad civil, el daño se encuentra generalmente relacionado con el concepto de perjuicio, que resulta ser la categoría opuesta del daño emergente.

El perjuicio o lucro cesante (que, por cierto, encontramos en la doctrina pero no se encuentra definido aún en la ley), se configura principalmente, por la privación de aumento patrimonial por la supresión de la ganancia esperable, y se encuentra previsto como tal en los siguientes ordenamientos legales:

- CÓDIGO FISCAL DEL ESTADO DE TABASCO
- CÓDIGO DE PROCEDIMIENTOS PENALES PARA EL ESTADO DE TABASCO
- CÓDIGO DE PROCEDIMIENTOS CIVILES PARA EL ESTADO DE TABASCO
- CONSTITUCIÓN POLÍTICA DEL ESTADO LIBRE Y SOBERANO DE TABASCO
- LEY DE IMPUESTOS DIVERSOS DEL ESTADO DE TABASCO

1. Está figura tiene sus orígenes en la doctrina francesa, donde fue denominada por los jurisconsultos franceses como: "Domages Morales".

   La figura del daño moral está ganando muchos adeptos en los países latinoamericanos, debido a las múltiples demandas que se ganan día a día en los países anglosajones.

    1. El daño moral consiste en el dolor, la angustia, la aflicción física o espiritual, y en general, los padecimientos infringidos a la víctima por el evento dañoso.

El daño moral se considera una modificación del espíritu en el desenvolvimiento de su capacidad de entender, querer o sentir, que se traduce en un modo de estar de la persona diferente de aquél en que se hallaba antes del hecho, como consecuencia de éste y anímicamente perjudicial, y radica en las consecuencias o repercusiones anímicas o espirituales.

Si retomamos la definición de "daño" como el mal o perjuicio producido a una persona y le aunamos el término "moral", en referencia a la suma de elementos psíquicos y espirituales, que inciden en el normal desenvolvimiento emotivo del ser humano, podremos acercarnos al concepto de Daño Moral, que entendido como aquel perjuicio sufrido a la psiquis de una persona, es la trasgresión a los derechos personalísimos de una persona a través de un agravio a la dignidad, honorabilidad, sosiego, integridad física, privacidad, o cualquier elemento que altere la normalidad facultativa mental o espiritual.

El daño moral es subjetivo, y va en proporción directa con la parte afectiva del ser humano; es decir el grado de reacción ante las mismas circunstancias puede acarrear diferentes estados psicológicos dependiendo del sujeto, puede que a una persona le ofenda lo que a otra no, por ello la apreciación económica es discrecional del juzgador.

Los derechos que se protegen al implementarse la figura del daño moral son aquellos que protegen la paz, integridad, honorabilidad, y la salud mental y espiritual. Puede recaer sobre la persona afectada directamente por la ilegalidad, así como también indirectamente a los familiares o terceros con legítimos derechos.

Ello no implica que cualquiera persona podrá interponer una demanda por daño moral, sólo podrán impetrarla las personas que hayan sido víctimas del mismo o sus representantes legales.

Si una persona es afectada directamente por la ilegalidad de un acto, puede interponer dicho proceso. Igualmente las personas que a raíz de un acto u omisión ilegal sean afectados indirectamente, por su relación con el perjudicado, podrán interponer el citado proceso.

La Reparación del Daño en la Constitución Actual

Fue hasta la reforma al Pacto Federal publicada en el Diario Oficial de la Federación del 3 de septiembre de 1993, cuando se le rescata, fijando de manera escueta en el artículo 20, que el ofendido o la víctima, tendrán derecho a la reparación del daño cuando proceda.

Artículo 20 Constitucional

C. De los derechos de la víctima o del ofendido:

I. Recibir asesoría jurídica; ser informado de los derechos que en su favor establece la Constitución y, cuando lo solicite, ser informado del desarrollo del procedimiento penal;

III. Recibir, desde la comisión del delito, atención médica y psicológica de urgencia;

IV. Que se le repare el daño. En los casos en que sea procedente, el MP estará obligado a solicitar la reparación del daño, sin que la víctima u ofendido lo pueda solicitar directamente. La ley fijará procedimientos ágiles para ejecutar las sentencias en materia de reparación del daño;

V. Al resguardo de su identidad y otros datos personales en los siguientes casos: cuando sean menores de edad; cuando se trate de delitos de violación, trata de personas, secuestro o delincuencia organizada. *Pár. Refo. DOF 14-07-2011*

El Ministerio Público deberá garantizar la protección de víctimas, ofendidos, testigos y en general todas los que intervengan en el proceso.;

VI. Solicitar las medidas cautelares y providencias necesarias para la protección y restitución de sus derechos.

Ley General de Víctimas

La Ley General de Víctimas, distingue entre víctimas del delito y víctimas de la violación a sus derechos humanos por parte de la autoridad del Estado. Como quiera que sea, tan son víctimas las afectadas en sus derechos humanos por el Estado, como las que el delito perturbó o puso en riesgo sus derechos. La propia Ley de víctimas reconoce que la calidad de víctima se adquiere con independencia de que se individualice, aprehenda, procese o condene al responsable; o más allá de cualquier relación laboral, afectiva o familiar entre la víctima y el inculpado.

Ley General de Víctimas Nueva Ley publicada en el DOF el 9 de enero de 2013 Última reforma publicada DOF 20-05-2021.

Artículo 12. Las víctimas gozarán de los siguientes derechos:

I. A ser informadas de manera clara, precisa y accesible de sus derechos por el MP o la primera autoridad con la que tenga contacto o .El MP deberá comunicar a la víctima los derechos que reconocen la Constitución Política de los Estados Unidos Mexicanos, los Tratados Internacionales y esta Ley a su favor, dejando constancia en la carpeta de investigación de este hecho.

II. A que se les repare el daño en forma expedita, proporcional y justa. En los casos en que la autoridad judicial dicte una sentencia condenatoria no podrá absolver al responsable de dicha reparación. Si la víctima o su Asesor Jurídico no solicitaran la reparación del daño, el MP está obligado a hacerlo;

Artículo 13. Cuando el imputado se sustraiga de la acción de la justicia, deje de presentarse ante la autoridad jurisdiccional competente que conozca de su caso los días que se hubieran señalado para tal efecto u omita comunicar a la autoridad jurisdiccional competente los cambios de domicilio que tuviere o se ausentase del lugar del juicio de autorización de la autoridad jurisdiccional competente, esta última ordenará, sin demora alguna, que entregue la suma que garantiza la reparación del daño a la víctima, dejando constancia en el expediente del pago definitivo.

Artículo 17. Las víctimas tendrán derecho a optar por la solución de conflictos conforme a las reglas de la justicia alternativa, a través de instituciones como la conciliación y la mediación, a fin de facilitar la reparación del daño y las medidas de no repetición.

No podrá llevarse la conciliación ni la mediación a menos de que la víctima está en condiciones de tomar esa decisión. El MP y las procuradurías de las entidades federativas llevarán un registro y una auditoría sobre los casos en que la víctima haya optado por alguna de las vías de solución alterna de conflictos, notificando en todo caso a las instancias de protección a la mujer a fin de que se cercioren que la víctima tuvo la asesoría requerida para la toma de dicha decisión. Se sancionará a los servidores públicos que conduzcan a las víctimas a tomar estas decisiones sin que éstas estén conscientes de las consecuencias que conlleva. *Artículo reformado DOF 03-05-2013*

Código Penal Federal en el artículo 30.

No quiere quedarse a la zaga de la Ley Victimal al establecer: La reparación del daño debe ser integral, adecuada, eficaz, efectiva, proporcional a la gravedad del daño causado y a la afectación sufrida, comprenderá cuando menos:

II. La indemnización del daño material y moral causado, incluyendo la atención médica y psicológica, de los servicios sociales y de rehabilitación o tratamientos curativos necesarios para la recuperación de la salud, que hubiere requerido o requiera la víctima, como consecuencia del delito. En los casos de delitos contra el libre desarrollo de la personalidad, la libertad y el normal desarrollo psicosexual y en su salud mental, así como de violencia familiar, además comprenderá el pago de los tratamientos psicoterapéuticos que sean necesarios para la víctima;

IV. El pago de la pérdida de ingreso económico y lucro cesante, para ello se tomará como base el salario que en el momento de sufrir el delito tenía la víctima y en caso de no contar con esa información, será conforme al salario mínimo vigente en el lugar en que ocurra el hecho;

V. El costo de la pérdida de oportunidades, en particular el empleo, educación y prestaciones sociales

VI. La declaración que restablezca la dignidad y reputación de la víctima, a través de medios electrónicos o escritos;

VII. La disculpa pública, la aceptación de responsabilidad, así como la garantía de no repetición, cuando el delito se cometa por servidores públicos. Los medios para la rehabilitación deben ser lo más completos posible, y deberán permitir a la víctima participar de forma plena en la vida pública, privada y social.

EN concordancia, **el artículo 34 del Código Penal Federal**, establece que "la reparación del daño proveniente de delito que deba ser hecha por el delincuente tiene el carácter de pena pública y se exigirá de oficio por el Ministerio Público", pudiendo el ofendido aportar pruebas al Ministerio Público o al juez, según el caso, para demostrar la procedencia y monto de la reparación. La ley sanciona con multa el incumplimiento del Ministerio Público, a la obligación anterior. (Si bien equívocamente se refiere al incumplimiento de la obligación "por parte de las autoridades").

El mismo dispositivo legal aclara que cuando la reparación deba exigirse a tercero, tendrá el carácter de responsabilidad civil y se tramitará en forma de incidente, en los términos que fije el Código de Procedimientos Penales y autoriza para recurrir a la vía civil, cuando no pueda obtenerse ante el juez penal la reparación del daño en virtud del no ejercicio de la acción por parte del Ministerio Público o bien de existir sobreseimiento o sentencia absolutoria.

Por su parte, el **Código Penal para el Distrito Federal** establece en el párrafo segundo del artículo 44, que "en todo proceso penal el MP estará obligado a solicitar, en la condena la reparación de daños o perjuicios y aprobar su monto, y el juez a resolver lo conducente". Podemos concluir que como regla general, la acción de reparación de daños constituye una pena pública, en la medida que corresponde su ejercicio obligatoriamente al MP y el juez no puede dejar de condenar a su pago.

De lo anterior promovieran la reparación de daños en el propio juicio, contra el inculpado, adoptando así la forma de una responsabilidad civil.

En la imposición de penas, y a la luz de los artículos 24, 29, 31 y 34 del Código Penal Federal, la reparación del daño constituye una "sanción económica" que es la aplicación de hasta tres tantos del lucro obtenido y de los daños y perjuicios causados), solicitada por el MP en el proceso, contra el infractor.

Por su parte el Código Nacional de Procedimientos Penales.

Este Código recoge y puntualiza el contenido de la norma constitucional en las 29 fracciones del artículo 109, **y en la fracción XXV reconoce el derecho de la víctima u ofendido a que se le repare el daño causado por el delito**, solicitada directamente al juez, sin perjuicio de que lo haga el MP, y también, a que se le garantice dicha reparación durante el procedimiento, en cualquiera de las formas que establece la ley.

De igual manera la ley de Mecanismos Alternativos de Solución de Controversias.

Como parte de otro de los medios para lograr la reparación es la Aplicación de los criterios de oportunidad y la procedencia de los **mecanismos alternativos de solución de controversias**: la mediación, la conciliación, la suspensión condicional del proceso, los acuerdos reparatorios y el procedimiento abreviado, al pago o a la garantía, según el caso, de la reparación del daño.

Ley Nacional de Ejecución Penal Texto Vigente, Nueva Ley publicada en el Diario Oficial de la Federación el 16 de junio de 2016

Artículo 54. Traslado Internacional de personas sentenciadas

IV. En caso de haber sido sentenciados a pena pecuniaria, esta haya sido liquidada, o exista acuerdo de prescripción de la misma. Asimismo, de haber sido condenadas a reparación de daño, este debe estar finiquitado.

Artículo 105. Contenido de la carpeta de ejecución La carpeta de ejecución deberá contener

IV. Auto de ejecución de la sentencia en el cual se determinen el cómputo de la pena, considerando el tiempo de prisión preventiva o arresto domiciliario cumplidos por el sentenciado, las condiciones de cumplimiento del pago de multa, la reparación del daño, así como el pronunciamiento respecto del otorgamiento o negativa del sustitutivo penal;

X. Documentos que acrediten el pago de la reparación del daño, en su caso;

Por otra parte el Código Civil Federal Mexicano en su Capítulo V

Acerca de las Obligaciones que Nacen de los Actos Ilícitos

Artículo 1910.- El que obrando ilícitamente o contra las buenas costumbres cause daño a otro, está obligado a repararlo, a menos que demuestre que el daño se produjo como consecuencia de culpa o negligencia de la víctima.

Artículo 1915.- La reparación del daño debe consistir a elección del ofendido en el restablecimiento de la situación anterior, cuando ello sea posible, o en el pago de daños y perjuicios.

Artículo 1916.- Por daño moral se entiende la afectación que una persona sufre en sus sentimientos, afectos, creencias, decoro, honor, reputación, vida privada, configuración y aspecto físicos, o bien en la consideración que de sí misma tienen los demás. Se presumirá que **hubo daño moral** cuando se vulnere o menoscabe ilegítimamente la libertad o la integridad física o psíquica de las personas

Concepto de Daño Moral

Código Civil Federal	Código Civil para el Estado de Tabasco
Artículo 1916.- Por daño moral se entiende la afectación que una persona sufre en sus sentimientos, afectos, creencias, decoro, honor, reputación, vida privada, configuración y aspecto físicos, o bien en la consideración que de sí misma tienen los demás. Se presumirá que hubo daño moral cuando se vulnere o menoscabe ilegítimamente la libertad o la integridad física o psíquica de las personas. Cuando un hecho u omisión ilícitos produzcan un daño moral, el responsable del mismo tendrá la obligación de repararlo mediante una indemnización en dinero, con independencia de que se haya causado daño material, tanto en responsabilidad contractual como extracontractual. Igual obligación de reparar el daño moral tendrá quien incurra en responsabilidad objetiva conforme a los artículo 1913, así como el Estado y sus servidores públicos, conforme a los artículos 1927 y 1928, todos ellos del presente Código. La acción de reparación no es transmisible a terceros por acto entre vivos y sólo pasa a los herederos de la víctima cuando ésta haya intentado la acción en vida. El monto de la indemnización lo determinará el juez tomando en cuenta los derechos lesionados, el grado de responsabilidad, la situación económica del responsable, y la de la víctima, así como las demás circunstancias del caso. Cuando el daño moral haya afectado a la víctima en su decoro, honor, reputación o consideración, el juez ordenará, a petición de ésta y con cargo al responsable, la publicación de un extracto de la sentencia que refleje adecuadamente la naturaleza y alcance de la misma, a través de los medios informativos que considere convenientes. En los casos en que el daño derive de un acto que haya tenido difusión en los medios informativos, el juez ordenará que los mismos den publicidad al extracto de la sentencia, con la misma relevancia que hubiere tenido la difusión original. Artículo 1916 Bis.- No estará obligado a la reparación del daño moral quien ejerza sus derechos de opinión, crítica, expresión e información, en los términos y con las limitaciones de los artículos 6o. y 7o. de la Constitución General de la República. En todo caso, quien demande la reparación del daño moral por responsabilidad contractual o extracontractual deberá acreditar plenamente la ilicitud de la conducta del demandado y el daño que directamente le hubiere causado tal conducta.	ARTÍCULO 2051.- Daño moral. - El daño puede ser también de carácter moral, cuando el hecho ilícito que lo produzca afecte a una persona en sus sentimientos, creencias, decoro, honor, reputación, vida privada, configuración y aspectos físicos, o bien en la consideración que de ella misma tienen los demás. ARTÍCULO 2058.- Indemnización en dinero. - El responsable del daño a que se refiere el artículo 2051, tendrá la obligación de repararlo mediante una indemnización en dinero, con independencia de que se haya causado daño material, tanto en responsabilidad contractual como extracontractual. Igual obligación de reparar el daño moral tendrá quien incurra en responsabilidad objetiva conforme el artículo 2072, así como el Estado y servidores públicos conforme a los artículos 2043 y 2044. La acción de reparación no es transmisible a terceros por acto entre vivos y sólo pasa a los herederos de la víctima cuando ésta haya intentado la acción en vida. El monto de la indemnización lo determinará el Juez tomando en cuenta la afectación producida, el grado de responsabilidad, la situación económica del responsable y la de la víctima, así como las demás circunstancias del caso. Cuando el daño moral haya afectado a la víctima en su decoro, honor, reputación o consideración, el Juez ordenará, a petición de ésta y con cargo al responsable, la publicación de un extracto de la sentencia que refleje adecuadamente la naturaleza y alcance de la misma, a través de los medios informativos que considere convenientes. En los casos en que el daño derive de un acto que haya tenido difusión en los medios informativos, el Juez ordenará que los mismos den publicidad al extracto de la sentencia, con la misma relevancia que hubiere tenido la difusión original. ARTÍCULO 2059.- Cuándo no existe obligación de reparación del daño moral. No estará obligado a la reparación del daño moral quien ejerza sus derechos de opinión, crítica, expresión e información, en los términos y con las limitaciones de los artículos 6 y 7 de la Constitución General de la República. En todo caso, quien demande la reparación del daño moral por responsabilidad contractual o extracontractual, deberá acreditar plenamente la ilicitud de la conducta del demandado y el daño que directamente le hubiere causado tal conducta.

Daño moral y su Conceptualización

La jurisprudencia francesa ha establecido que daño moral, es el dolor sufrido por una persona como consecuencia de un hecho ilícito de que es víctima sin repercusión patrimonial aunque importando una disminución de los atributos o facultades morales de quien sufre el daño.

La jurisprudencia argentina pronuncia que daño moral es la privación y disminución de aquellos bienes que tienen un valor precioso en la vida del hombre que son la paz, la tranquilidad del espíritu, la libertad individual, la integridad individual que constituyen sus más gratos afectos.

La de Colombia considera que daño moral es el que proviene de un hecho ilícito que ofende, no a los derechos patrimoniales ni a la persona física, sino a la personalidad moral del damnificado, hiriendo sus sentimientos legítimos o bienes no económicos de los que integran lo que generalmente se llama patrimonio moral de una persona.

Noción de Daño desde la Doctrina Clásica.

La noción de daño, tanto en la Doctrina como en la jurisrprudencia, corresponde tanto al detrimento, pérdida o menoscabo que puedan afectar a una persona en sí mismo, como a los que puedan comprometer su patrimonio.

El papel de la responsabilidad civil. La importancia que está adquiriendo la responsabilidad civil dentro del campo del derecho, no sólo a nivel nacional, sino a nivel mundial y la moderna orientación del derecho que pretende fundamentar el concepto de responsabilidad en el elemento daño, variando la tendencia tradicional de manejarlo en relación con el elemento culpa del causante, ha implicado una modificación sustancial en la forma como se ha venido manejando en el derecho comparado.

Conceptos tales como responsabilidad objetiva, la solidaridad, la garantía por parte del Estado de los derechos reconocidos en las diferentes constituciones, como la vida, la integridad personal y los bienes, se unen a la tendencia mundial de favorecer o mejorar la situación procesal y jurídica de la víctima y de los perjudicados con un hecho dañoso.

Ahora la responsabilidad civil deberá alejarse de considerar a la sanción que tenga como fundamento la voluntariedad o la culpa del causante. Ahora es un conflicto económico que hace necesario definir si es el patrimonio del causante o el patrimonio del perjudicado el que debe cargar con las consecuencias dañinas y económicas del hecho.

Es por ello que se habla ya de abandonar el concepto de responsabilidad civil y demos la bienvenida al derecho de daños, ya que el elemento fundamental de la acción es el daño y no la conducta del causante.

La reparación del daño en la Legislación Civil. El problema que ofrece ha suscitado un intenso y muchas de las veces estéril debate en la doctrina sobre la admisión o rechazo en torno a la posibilidad de su reparación en dinero. El artículo 1915 del Código Civil para el Distrito Federal, consta de dos partes. Dispone en la primera que la reparación del daño debe consistir en el restablecimiento de la situación anterior y, en caso de no ser posible, en pago de una cantidad por concepto de daños y perjuicios.

El artículo 1910 del Código Civil para el Distrito Federal dispone que: **"El que obrando ilícitamente y contra las buenas costumbres causa un daño a otro, está obligado a repararlo, a menos que demuestre que el daño se produjo como consecuencia de culpa o negligencia inexcusable de la víctima".**

Este artículo no hace distinción acerca de la naturaleza del daño que se causa a otra persona para obligar al responsable a repararlo. Se ha interpretado por la doctrina, tendiendo a lo dispuesto en el artículo 2116 del mismo cuerpo del Código Civil, conforme al cual para fijar la cuantía de la indemnización el juez no debe tomar en cuenta el valor estimativo o de afección de la víctima sobre la cosa destruída o dañada materialmente, excepto que se pruebe materialmente que la intención del autor fue causar precisamente "dolor moral" a la víctima.[20]

---

20 L PARA EL D.F COMENTADO, Instituto de Investigaciones Jurídicas UNAM-Porrúa, Tomo IV De las Obligaciones.

En ese sentido, destaca Rojina Villegas:

> *"Ante la imposibilidad de reparar los valores espirituales lesionados o el dolor causado por un hecho ilícito, al herir los sentimientos o las afecciones a una persona, especialmente por la pérdida de los seres queridos, el derecho no ha encontrado otra forma de lograr una satisfacción para la víctima o a sus herederos, y una sanción para el culpable, que condenando a un pago de una suma de dinero, independientemente de la responsabilidad penal en que pudiere haber incurrido.*
>
> *Estamos de acuerdo en que se trata de una satisfacción muy imperfecta y que jamás podrá alcanzarse la reparación total como suele ocurrir tratándose de daños patrimoniales, pero sería injusto que ante la imposibilidad de alcanzar ese resultado, la víctima quedase desamparada".*

Concluye diciendo este artículo que Los créditos por indemnización cuando la víctima fuere un asalariado, son intransferibles y se cubrirán preferentemente en una sola exhibición, salvo convenio entre las partes. Las anteriores disposiciones se observarán en el caso del artículo 2647 de este Código.

La primera parte del artículo transcrito corresponde a la naturaleza sustantiva, ya que en ella se determina de manera general en qué deben consistir la reparación de los daños. Por el contrario, la segunda parte se refiere al resto del contenido del artículo que es de naturaleza adjetiva en la medida en que establece la forma de calcular el monto de las indemnizaciones.[21]

Criticamos que para la reparación del daño y su indemnización se remita a la Ley Federal del Trabajo, haciendo los siguientes señalamientos:

La indemnización por el Daño Moral procede con independencia de que se haya causado daño material, y posee tres características:

1.- No es transmisible a terceros por acto entre vivos. Sólo pasa a los herederos de la víctima cuando ésta haya intentado la acción en vida; suponiendo que si se han herido los sentimientos, afectos, honor y consideración de sí mismo y de ello puede obtener la reparación patrimonial, no se justifica la cesión de este derecho a un tercero o la iniciación de la acción por los herederos, si el autor de la sucesión era el único que podría haber apreciado si existía y no la inició en vida.

2.- Respecto al monto de la indemnización. El criterio determinante es relativo; no se traduce en tablas objetivas de responsabilidad, teniendo el Juez libertad para señalarla en la sentencia, tomando en cuenta los derechos lesionados, el grado de responsabilidad, la situación económica del responsable y de la víctima y las circunstancias concretas del caso, y

3.- El resarcimiento de los daños morales no necesariamente tiende al restablecimiento de la situación anterior, lo cual en la mayoría de los casos sería imposible: tiene más bien una función de recompensa por el sufrimiento o la humillación sufrida.

Esta es la razón por la que el Juez está facultado a petición de la víctima y con cargo al responsable a ordenar la publicación de un extracto de la sentencia que refleje adecuadamente la naturaleza y alcance de la misma a través de los medios informativos que estime convenientes, más si el daño moral deriva de un acto que ha tenido difusión en los medios informativos, el Juez ordenará que los mismos den publicidad al extracto con la misma relevancia que tuvo la difusión del hecho dañoso.

---

21 ROJINA VILLEGAS RAFAEL, Derecho Civil Mex. Tomo V, V. II. Obligaciones, pp. 359-391. Ed. Porrúa, S.A., Méx.;2025

a) Requisitos de procedencia para exigir la responsabilidad por daño moral. La doctrina mexicana, de manera uniforme señala que debe de reunir los siguientes requisitos: a) debe ser cierto.

Requiere la prueba de que se ha causado efectivamente en la víctima una perturbación anímica seria, como estados graves de angustia, congoja, temor;

b) debe ser personal. Aunque el daño material pueda haberse realizado en otra persona, hay daño moral si la víctima sufre por ello la perturbación animina, y c) El hecho generador del daño debe ser ilícito, tal como el dolor que experimentan los miembros de la familia como consecuencia de un hecho que produce una enfermedad o la muerte del ser querido.

De lo anterior se deduce entonces que el daño moral en sentido amplio, como toda alteración negativa en la esfera jurídica (derechos subjetivos, principalmente garantías) de la persona, misma que por ser imputable a otra, es susceptible de reparación, sea en el sentido de restituir la situación previamente existente, o pecuniariariamente, por acontecer estados irremediables posteriores a su producción.

En conclusión, todo daño es susceptible de reparación y toda reparación implica una posible valoración pecuniaria por responsabilidad civil

¿Qué es Daño Moral entonces en México?

El daño moral es la alteración, la afectación de un bien, de un derecho o de un aspecto subjetivo de una persona como puede ser su imagen o prestigio. Se entiende como la afectación, destrucción o alteración de una cosa, un derecho o una cuestión de carácter moral.

Para que el daño moral proceda debe realizarse una conducta que dañe a una tercera persona, esta conducta debe ser tipificada o establecida en el cuerpo de leyes de carácter Civil y/o penal. "Nuestra legislación contempla el daño moral tanto en la vía penal como en la civil. Éste puede producirse por una conducta delictuosa o bien producirse por una de carácter civil, que si bien no constituye un delito, sí afecta a otra persona".

Para que civilmente proceda la demanda por daño moral tendría que acreditarse que efectivamente hubo una conducta en la que se ocasionó una difamación o calumnia. El delito merece una doble sanción dependiendo de la naturaleza de la demanda: civil o penal. Si es penal puede acreditarse difamación, calumnia y como consecuencia el daño moral producido por esa difamación y calumnia que provoca el descrédito y la deshonra. Un juez de lo penal puede condenar en caso de que se acredite al autor de alguna ofensa, puede obligarle a que repare el daño causado.

De manera civil es difícil acreditar que se ha causado un daño moral en la reputación o en la imagen del afectado, sin embargo, también puede producirse que pudiera acreditarse y que se sancionara a la persona con una indemnización de carácter civil.

Por otra parte y para mejor ejemplificación ponemos una demanda civil interpuesta por daño moral ocasionado por acusación falsa

C. JUEZ DE LO CIVIL EN TURNO.
PRESENTE

__________mexicano(a), mayor de edad, (estado civil)señalando como domicilio convencional para oír y recibir toda clase de notificaciones autorizando para tales efectos a los C. Licenciado________ respetuosamente comparezco para exponer:

Por medio del presente ocurso acudo a demandar al C.__________ quien tiene su domicilio en la calle________número________Col.__________de esta ciudad, de quien reclamo las siguientes prestaciones:

A).- El pago de la cantidad de $__________, por concepto de daños que me causó al haber presentado falsa querella ante el Ministerio Público.

B).- El pago de gastos y costas que se generen con motivo del presente juicio.

Fundo mi promoción en los siguientes hechos y consideraciones de derecho:

HECHOS:

I.- En Fecha__________el hoy demandado presentó en mi contra denuncia de hechos ante la Agencia _____del Ministerio Publico Investigador acusándome del delito de ____________en su perjuicio, como lo dispone el artículo _______ del Código Penal para el estado de________________.

2.- En virtud de esa denuncia, fui detenido, consignado y procesado en la causa número penal__________ seguida por el C. Juez__________de lo Penal, como presunto responsable del delito de ________, absolviéndome en la misma, por la revocación que decretó la Sala Penal del Supremo Tribunal de Justicia del Estado de ________________________.

3.- Como la acusación del demandado es y fue en todo momento falsa, el tribunal superior resolvió que entre el suscrito y el presunto ofendido se había...

Los Valores Como Principios en el Trabajo Social de Casos

Es deber de todo Trabajador Social velar por la observancia de las normas contenidas en este Código de Ética, poniendo en conocimiento a todo trabajador social, con discreción y fundamentación, los actos que constituyen infracciones a los principios éticos en él contenidos. En caso de duda sobre el encasillamiento de determinado acto en los principios contenidos en este Código, el Trabajador Social podrá proponer su reformulación, mediante escrito fundado y motivado al respecto; la formulación de dicha consulta requerirá las mismas exigencias de fundamentación y motivación con el carácter de mejoras a dicho código

Es importante hacer una reflexión acerca de que un ambiente apto para los valores, se produce solamente cuando la gente ha satisfecho necesidades vitales como comer, descansar, gozar de buena salud, vestir de acuerdo al clima, vivir bajo un techo que le proteja, etc. El terreno fértil de los valores es la comunidad que no padece hambre, insalubridad y pobreza extrema y que vive, digamos en condiciones equilibradas y consideraras como normales, en el sentido de su calidad humana. La mejor prueba de esto es considerar que los hombres están divididos en clases sociales y que los roles de sus integrantes son muy diversos como también son diversas las virtudes que pueden desarrollar en el camino hacia los valores. En este orden de ideas, me refiero al obstáculo que representan para una educación axiológica, nuestras comunidades

Buscamos o debemos buscar el equilibrio en nuestra. Transigir, transar y dialogar, no es buscar el equilibrio. No cabe duda, que el equilibrio es un valor humano que destaca entre los demás, Es muy probable que esta idea la haya manejado Aristóteles, de alguna manera, cuando se refería a la necesidad de buscar el "justo medio". Este es realmente el punto en el que se equilibra toda situación, toda conducta y toda función. No cargarse ni a un extremo ni al otro, si no regular y conducir las cosas por el lado intermedio, hacia el punto en el que podemos decir que se logra un equilibrio, una equidistancia, un ritmo, un punto de moderación. Educarnos en los valores y practicarlos, no cabe duda, nos apoya para buscar el justo medio de toda situación; el punto intermedio en que no causamos perjuicio a nadie; ese equilibrio mediante el cual, respecto de todas las gentes y cosas del mundo, podamos mantener la plena armonía entre todos los que integramos a la humanidad y entre todos los elementos que forman la vida. Equilibrar mi libertad para que no choque con la de otro; equilibrio en mis acciones para no dañar a nadie constituye un beneficio y un bien para los demás; equilibrio en el ejercicio de mis derechos para no invadir los de los demás.

Es de todos conocidos la frase… obra bien y bien te ira…

No hagas a otros lo que no quieras que te hagan a ti.

Es importante reconocer la declaración de principios éticos que sirven de guía en relación a los problemas éticos en el trabajo social de Casos.

Los principios éticos básicos para el trabajo social, pueden adaptarse a distintos ámbitos sociales y culturales e incluso Identifica áreas éticamente problemáticas en la práctica del trabajo social. Y que a su vez proporciona una orientación sobre los métodos a elegir para tratar de resolver cuestiones o problemas éticos (métodos para actuar en cuestiones o ante problemas éticos).

Los Principios

Los trabajadores sociales contribuyen al desarrollo de los seres humanos, por medio de su aceptación de los siguientes principios básicos:

1.1.1 Todo ser humano posee un valor único, lo que justifica la consideración

moral hacia cada persona.

1.1.2 Cada individuo tiene derecho a la autorrealización, hasta donde no interfiera con el mismo derecho de los demás, y tiene la obligación de contribuir al bienestar de la sociedad.
1.1.3 Cada sociedad, independientemente de su organización, debe funcionar de manera que proporcione

los máximos beneficios a todos sus miembros.
1.1.4 Los trabajadores sociales tienen un compromiso con los principios de la

justicia social.
1.1.5 Los trabajadores sociales tienen la responsabilidad de dedicar sus conocimientos y técnicas, de forma objetiva y disciplinada, a ayudar a los individuos, grupos, comunidades, sociedades en su desarrollo, en la resolución de los conflictos personales y/o sociales y sus consecuencias.
1.1.6 Los trabajadores sociales deberán proporcionar la mejor atención posible a todos aquellos que soliciten su ayuda y asesoramiento, sin discriminaciones injustas basadas en diferencias de género, edad, discapacidad, color, clase social, raza, religión, lengua, creencias políticas o inclinación sexual.
1.1.7 Los trabajadores sociales respetan los derechos humanos fundamentales de los individuos y los grupos reconocidos en la Declaración Universal de los Derechos Humanos de las Naciones Unidas y otros acuerdos internacionales derivados de dicha Declaración.

1.1.8 Los trabajadores sociales tienen en cuenta los principios de derecho a la intimidad, confidencialidad y uso responsable de la información, en su trabajo profesional. Los trabajadores sociales respetan la confidencialidad justificada, aún en los casos en que la legislación de su país esté en conflicto con este derecho.

Áreas problema

Las áreas problema en las que se plantean cuestiones éticas, no son necesariamente universales debido a diferencias políticas y culturales. Se anima a cada asociación nacional a promover debates y aclarar cuestiones de contenido importante y problemas especialmente relevantes para cada país. Las siguientes áreas problema son, sin embargo, ampliamente reconocidas como tales:
1) Cuando el trabajador social se encuentre ante una situación de conflicto entre los intereses de:

Los propios trabajadores sociales y sus clientes.

Clientes, pacientes, individuales y otros individuos.

Grupos de clientes.

Grupos de clientes y el resto de la población.

Sistemas/ instituciones y grupos de clientes.

Sistemas/ instituciones/ empleadores y trabajadores sociales.

Distintos grupos de profesionales.

2) El hecho de que el trabajador social actúa a la vez para ayudar y controlar.

La relación entre estos dos aspectos opuestos del trabajo social exige una aclaración, basada en una elección explícita de valores, para evitar que se mezclen las motivaciones, o que no estén claras, así como las actuaciones y las consecuencias de dichas actuaciones.

3) El deber que tiene el trabajador social de proteger los intereses del cliente y/o paciente puede entrar fácilmente en conflicto con demandas de eficiencia y utilidad.

La importancia de este problema aumenta cada día debido a la introducción y uso de la tecnología informática en los diversos campos del trabajo social.

Criterios Generales de Conducta Ética

1.-Tratar de comprender a cada cliente individual y su entorno, así como los elementos que afectan su conducta y el servicio requerido.
2.- Mantener y defender los valores, conocimientos y metodología de la profesión, absteniéndose de cualquier comportamiento que perjudique el desarrollo de la misma.
3.- Reconocer las limitaciones profesionales y personales.
4.- Promover la utilización de todas las técnicas y conocimientos apropiados.
5.- Aplicar métodos adecuados para el desarrollo y la validez de los conocimientos.
6.- Contribuir con la experiencia profesional al desarrollo de políticas y programas que mejoren la calidad de vida en la sociedad.
7.- Identificar e interpretar las necesidades sociales.
8.- Identificar e interpretar los orígenes y naturaleza de los problemas sociales, a nivel, tanto individual como de grupo, comunidad, local regional y nacional.

9.- Aceptar una responsabilidad fundamental respecto a clientes o usuarios concretos, dentro de las limitaciones que marquen los derechos de los demás. 10.- Salvaguardar el derecho del cliente, paciente o usuario a una relación de confianza, intimidad y confidencialidad, así como al uso responsable de la información la obtención y difusión de información o datos sólo debe realizarse en función de un servicio profesional, manteniendo al cliente informado de su necesidad y utilización. No se divulgará información sin el conocimiento y consentimiento previos del cliente o usuario, excepto si éste no es responsable o se puede perjudicar gravemente a otras personas. El cliente tiene acceso a los expedientes de trabajo social que le conciernen.

11.- Reconocer y respetar los objetivos, responsabilidades y diferencias individuales de los clientes y usuarios. Dentro del ámbito de la entidad y del medio social del cliente, el servicio profesional debe ayudar a los usuarios a responsabilizarse de las actuaciones personales y atender a todos los clientes y usuarios con igual disposición. En los casos en que los servicios profesionales no puedan ofrecerse en estas condiciones, el usuario, cliente será informado para que pueda actuar libremente. 12.- Ayudar al cliente o usuario - individuo, grupo, comunidad o sociedad - a conseguir su autorrealización y máximo potencial dentro de los límites de los derechos respectivos de los demás. El servicio debe basarse en ayudar a los clientes y usuarios a comprender y utilizar la relación profesional para desarrollar los legítimos deseos e intereses de dichos clientes, pacientes y/o usuarios.

Criterios del Trabajo Social en relación con Entidades, Organizaciones e Institución Empleadoras

En fin, todo equilibrio produce un bien y dialécticamente todo bien produce equilibrio. La práctica de los valores equilibra toda actividad y relación humana en el sentido del bien.

1.-Trabajar y/o cooperar con las entidades y organizaciones cuyas políticas, procedimientos y operaciones van dirigidas a proporcionar servicios adecuados y promover la práctica profesional dentro del marco de los principios éticos de los TS.

2.-Cumplir responsablemente los objetivos establecidos y las funciones de la entidad u organización, contribuyendo al desarrollo de políticas, procedimientos y prácticas debidas para conseguir los mejores niveles posibles de actuación.

3.-Mantener que la responsabilidad última es hacia el cliente, poniendo en marcha los necesarios cambios de políticas, procedimientos y actuaciones a través de los canales apropiados con los que cuentan entidades u organizaciones. Si se agotan estos canales sin encontrar los remedios necesarios habrá que recurrir a instancias más altas o a la más amplia comunidad de interés.
4.-Garantizar eficiencia y eficacia para con el cliente paciente o usuarios y con la comunidad, por medio de revisiones periódicas del proceso a través del cual se proporcionan los servicios.
5.-Utilizar todos los medios éticos posibles para acabar con las prácticas no éticas cuando las líneas de actuación, procedimientos y prácticas están en conflicto

directo con los principios éticos del trabajo social.

Un estudio completo sobre la ética y valores humanos, no puede ignorar el tema de la normatividad. Las normas son el instrumento formal que el hombre invento para propiciar el ejercicio de los valores. Son el espacio propio para conducir a los valores. Hay valores no sujetos a la normatividad, por que no se ejercen en conductas, si no en hechos concretos, como los valores estéticos representados por las bellas artes.

La conducta fue necesario formarla, fijándole un sentido debido y valioso, en vista de las grandes desigualdades que existen entre los hombres, por su muy diversa forma de pensar y reaccionar en el ejercicio de su libertad y por las diferencias que s presentan en las relaciones sociales. La normatividad es una manera de estandarizar la conducta, de lograr alguna armonía en la actuación y evitar las contradicciones, dentro de la gran diversidad de la acción humana y lograr un orden en todo. Conviene recordar lo que por definición es una norma

Sus elementos constitutivos son: a) una prescripción de conducta debida o que debe ser, b) se impone en forma imperativa a un destinatario; c) una conducta obligatoria, d) es instrumento para realizar un fin; e) pretende lograr un valor humano y f) prevé una sanción ante el incumplimiento. Las distintas clases de normas se agrupan de acuerdo con sus afinidades y constituyen lo que se denomina como los ordenes normativos. Existen varios, pero los más destacados o grandes órdenes son el de la moral, el de la religión, el del derecho y el de los convencionalismos sociales. Al llegar aquí lo que interesa es derivar de esto cuatro órdenes normativos, los distintos valores que cada uno pretende lograr, al cumplir fines específicos.

Deberes para Con la Institución Empleadora

ARTICULO 1º Trabajar en una institución donde pueda aplicar los principios de este Código y, en caso de que no se den las necesarias posibilidades, permanecer únicamente cuando la institución realice esfuerzos para mejorar sus normas y procedimientos, de acuerdo con tales principios.

ARTICULO 2º Conocer exactamente el programa, las normas y procedimientos establecidos por la institución, respetándolas durante todo el tiempo de su actuación.

ARTICULO 3º Responsabilizarse por la calidad y extensión de los servicios que preste.

ARTICULO 4º Cooperar lealmente con la institución en todo lo que haga al largo de sus objetivos y en el desarrollo y ejecución de sus normas.

ARTICULO 5º Sugerir la conveniencia de mejorar o modificar los servicios, la organización del trabajo, la distribución del personal, etcétera, como resultado de un estudio previo y profundo, de un análisis de las posibilidades de lograrlo y de las consecuencias que pudiere derivarse de todo cambio.

ARTICULO 6º Mantener la disciplina del sector de trabajo a su cargo, en caso de tener personal bajo sus órdenes recordando que ellos serán fiel reflejo de lo que es como supervisor.

ARTICULO 7º Reconocer que, en función de supervisor, debe contar para cumplirla con eficiencia como elementos básicos tales como: el conocimiento de la tarea, de sus propios deberes y derechos, y del personal a su cargo; saberlo dirigir; y poseer cualidades morales de lealtad, ecuanimidad y honradez.

ARTICULO 8º Alentar a sus colegas o subordinados a que participen en la formulación de normas y procedimientos para un mejor logro de los objetivos de la institución.

ARTICULO 9º Haga todo lo posible por mantenerse al día en los conocimientos que requiere su puesto en la institución, para lo cual sugiera programas adecuados de capacitación, una vez detectadas las necesidades del personal.

Destacar con claridad en público que sus actos y declaraciones son exclusivamente personales y que no los formulan en representación de la institución, absteniéndose además de criticarla de manera irresponsable.

ARTICULO 10º Ser prudente y responsable en el uso que hiciera de todas las informaciones obtenidas de su actuación en una institución, una vez que hubiera renunciado a ella.

Disposiciones Generales

Artículo 1. El presente Código orientará la conducta del Trabajador Social en sus relaciones con la ciudadanía, las instituciones, sus socios, clientes, pacientes, superiores, subordinados, sus colegas y consigo mismo, el cual será aplicable en cualquier actividad profesional. Todo Trabajador Social que ejerza en los Estados Unidos Mexicanos debe cumplir escrupulosamente todos los deberes que le imponen las leyes, normas y reglamentos.

Artículo 2. El Trabajador Social debe poner todos sus conocimientos científicos y recursos técnicos en el desempeño de su profesión. Asimismo deberá esforzarse por actualizar y ampliar sus conocimientos profesionales y de cultura general.

Artículo 3. El trabajador social debe conducirse con justicia, honradez, diligencia, lealtad, respeto, formalidad, discreción, honorabilidad, responsabilidad, sinceridad, probidad, dignidad y en estricta observancia a las normas legales y éticas de su profesión.

Artículo 4. El Trabajador Social solamente se responsabilizará de los asuntos cuando tenga capacidad para atenderlos e indicará los alcances de su trabajo y limitaciones inherentes. Aceptará únicamente los cargos para los cuales cuente con los conocimientos necesarios y suficientes.

Artículo 5. El Trabajador Social debe mantener estrictamente la confidencialidad de la información de uso restringido que le sea confiada en el ejercicio de su profesión, salvo los informes que le sean requeridos conforme a la ley. Asimismo debe extender a sus auxiliares la misma obligación de guardar secreto profesional.

Artículo 6. El Trabajador Social debe responder individualmente por sus actos, que con motivo del ejercicio profesional dañen o perjudiquen a terceros, aún y cuando sus actos o funciones se realicen de manera colectiva o en equipo.

Artículo 7. El Trabajador Social que ejerce en el marco de un consultorio, clínica u hospital, así como en instituciones publicas o privadas o sociales, es responsable por las acciones contrarias a la ética, como resultado de un hecho propio o de colegas subordinados que ejerzan profesionalmente en el mismo lugar.

Artículo 8. Le es al Trabajador Social prohibido usurpar títulos o adornarse de títulos falsos, así como presentarse o ejercer como especialista de disciplinas para las cuales no este facultado.

Artículo 9. El Trabajador Social no debe encubrir o proteger con su título a ninguna persona no habilitada para el ejercicio profesional. En caso de laborar con pasantes, debe de indicarles su obligación de solicitar permiso para el ejercicio profesional ante la dirección de profesiones correspondiente.

Artículo 10. El Trabajador Social no debe asociarse profesionalmente con persona alguna que no tenga cédula para el ejercicio profesional, ni dejar que ésta u otras utilicen su nombre o cédula profesional para atender asuntos inherentes a la profesión.

Artículo 11. El Trabajador Social que asume simultáneamente una responsabilidad profesional, una función administrativa o política, no deberá hacerla valer directa o indirectamente para fines personales en el ejercicio de su profesión.

Artículo 12. El Trabajador Social debe respetar en todo momento los derechos de su cliente, colegas y sociedad en general.

Artículo 13. El Trabajador Social debe prestar sus servicios sin distinción de condición social, sexual, raza, credo o ideologías.

Artículo 14. El Trabajador Social debe ofrecer sus servicios profesionales de acuerdo a su capacidad científica, técnica y metodológica. Esta circunstancia debe observarse en todas las comunicaciones que haga el profesionista de sus servicios, en cualquier medio informativo y promocional.

Artículo 15. El Trabajador Social puede utilizar propaganda indicando, exclusivamente, los tipos de servicios que ofrece, incluyendo en la misma su número de cédula profesional y escuela o universidad de origen. El empleo de cualquier medio de expresión destinado al público debe tener un carácter educativo y servir al interés general de la profesión, ya sea por medio de publicaciones, conferencias, entrevistas, internet etc.

Artículo 16. El Trabajador Social está inhabilitada para ejercer la profesión, tiene prohibido dar asesorías gratuitas o pagadas a nombre de terceros, de las cuales pueda obtener un beneficio moral o material.

Artículo 17. Los Trabajador Social asalariados no podrán ejercer a título liberal haciendo uso de las funciones, instalaciones, equipo y tiempo que le son confiadas por su contrato de trabajo.

Artículo 18. El Trabajador Social no debe hacer uso de ninguna función de autoridad pública para intentar incrementar su clientela u obtener un beneficio de carácter personal.

Artículo 19. El Trabajador Social debe observar puntualidad y oportunidad en todos los asuntos relativos al ejercicio profesional.

Artículo 20. El Trabajador Social al emitir una opinión o juicio profesional en cualquier situación y ante cualquier autoridad o persona, debe ser imparcial, ajustarse a la realidad y comprobar los hechos con evidencias, pruebas, documentales. Testimoniales o periciales.

Artículo 21. El Trabajador Social deberá evaluar todo trabajo profesional realizado desde una perspectiva objetiva y crítica.

Artículo 22. El Trabajador Social debe mantenerse actualizado de los avances científicos y tecnológicos de su materia a lo largo de su vida para brindar un servicio de calidad total.

Artículo 23. El Trabajador Social debe transmitir sus conocimientos y experiencia a estudiantes y egresados de su profesión, con objetividad y en él más alto apego a la verdad del campo de conocimiento actualizado del que se trate.

Artículo 24. El Trabajador Social debe dignificar su profesión mediante el buen desempeño del ejercicio profesional y el reconocimiento que haga a los maestros que le transmitieron los conocimientos y experiencia.

Artículo 25. Cuando el Trabajador Social haga investigación debe realizarla con apego a las normas metodológicas científicas y la docencia.

Artículo26. En las investigaciones realizadas, debe expresar las conclusiones en su exacta magnitud y en estricto apego a las normas metodológicas acordes con el tipo de estudio.

Artículo 55. El Trabajador Social debe poner en alto el prestigio de su profesión en todo lugar y momento y denunciar ante la autoridad competente a las personas que se ostenten o actúen como profesionistas sin serlo.

Artículo 27. El Trabajador Social deberá mantener lealtad y gratitud a los maestros y a las instituciones educativas que los formaron y contribuir en la medida de sus posibilidades en el buen funcionamiento y desarrollo de las mismas.

Artículo 28. El Trabajador Social debe integrarse con su participación activa y crítica a los órganos de representación gremial y profesional legalmente constituidos.

Artículo 29. El Trabajador Social debe ser respetuoso de las tradiciones, usos, costumbre y cultura de los diversos grupos que conforman a la nación mexicana

Artículo 30. El Trabajador Social debe procurar su desempeño y desarrollo profesional y contribuir con sus conocimientos al desarrollo local, regional y nacional.

Conclusiones

Finalmente, se harán las conclusiones de lo más relevante de este Código de Ética, Moral y Calidad de Vida para los Trabajadores Sociales y que sometemos a su consideración.

Los seres humanos, base y sustento de los VALORES ético móreles, presentan una naturaleza única que los uniforma. Pero en las diversas etapas de la vida y en la relación social, son desiguales. El hombre es cuerpo y espíritu; es un ser INDIVIDUAL y al mismo tiempo UN SER SOCIAL.

Los valores son virtudes, categorías, esencias, cualidades o aspiraciones típicamente humanas, por que el hombre es el único que busca, entiende, intuye, descubre y disfruta los valores. El ser humano, como tal, es un eterno buscador de valores.

Los valores, como las monedas, tienen dos caras. Valores y desvalores. Actitudes y hechos positivos y negativos. Los valores se entienden mejor si al mismo tiempo se muestra el aspecto deshumanizado, para descubrir los valores en plenitud, es necesario desarrollar la autoestima personal. Empezar por quererse a si mismo.

Es necesario educar en los valores y para los valores, para lograr convicción estimativa que se transmita de generación en generación. La disciplina que forme a los trabajadores sociales educandos en esta materia, podría denominarse axioeducacion de los principios ético-morales ya que no siempre son respetados por estos profesionistas al momento de realizar su labor en pro y beneficio de los usuarios de las instituciones públicas, privadas y sociales.

De tal manera que el trasgresor de las normas sociales solo contribuye a romper el orden en todos los aspectos: el ORDEN moral, el religioso, el jurídico, y el de los convencionalismos sociales y no permite. Por lo tanto, QUE LOS VALORES éticos y morales CUMPLAN SU MISIÓN

El ambiente íntimo y social propio de los valores es aquel en el que los seres humanos han satisfecho sus más urgentes necesidades vitales. Primero es ser y después el modo de ser. Nuestro mayor problema lo constituyen las personas que no cuentan con estos valores o que si decoro alguno no a sabiendas no los llevan a la práctica demeritando con ello a tan noble profesión del trabajo social.

Y no habiendo otra forma más eficaz para regular la conducta de este profesionista que la normatividad como único instrumento y medio propicio para instituir los valores. Las normas tienen que ver con lo obligatorio y con lo que debe ser, hacer, no hacer o dejar de hacer. Todo esto dirigido a la instauración y aplicación de una serie de valores comunes a toda una comunidad de profesionistas, con el único fin de llegar a una justicia como el objetivo principal, pero no como el único, sino como uno más para llegar a que sea la de TODOS y para TODAS: una buena Calidad de Vida y por ende una JUSTICIA SOCIAL para todos los individuos involucrados en tan noble profesión.

En cuanto a las encuestas realizadas a los trabajadores sociales en activo se encontró lo siguiente

Gracias a las encuestas aplicadas 100 trabajadores sociales que laboran en diferentes áreas en las que se desenvuelven como profesionales, el trato que muestran con el usuario en un 69% se muestran con una actitud respetuosa, mientras que en una minoría se da una relación autoritaria entre trabajador social y cliente.

Al cuestionar a los profesionistas acerca de los aspectos relevantes a sus funciones que algunas veces son imposibles de terminar en horarios establecidos, el 66% de ellos mencionan que se quedan en horas extras a lo previsto, sin embargo el 8% menciona razones como disculparse argumentando que tuvo mucho trabajo y por otra parte que es responsabilidad de otros, porcentaje que es dividido en cantidades iguales.

Debido a la importancia del reglamento interno en las Instituciones, es prioritario que el empleado tenga conciencia de las normas que dicha lugar regula; en más del 80% de las trabajadoras sociales encuestadas se denota que conocen el reglamento del lugar en el que laboran, siendo así el 7% el porcentaje más bajo en cuento a empleados que no conocen las reglas de tal institución.

La relación que el trabajador social establece con el usuario ha sido una de las temáticas más debatidas en cuanto al trato que se emite por parte del profesional, en este caso los trabajadores sociales encuestados mencionan que le presentan al usuario las alternativas que puede elegir de entre las más congruentes. En segundo lugar se retoma la manera de promover la participación activa y consecuente del usuario en un 38%, este tipo de intervención por parte del trabajador social permite aclarar el panorama al usuario dejando que el tome conciencia de sus propias decisiones y acciones a corto, mediano y largo plazo, sin embargo el decidir por el usuario no permite esa libre capacidad de elección y determinación consiente y es por ello que esta actitud por parte del profesional se muestra en solo un 10% de 100 cuestionarios contestados.

Trabajar en equipo es sin duda una labor de mayor dificultad, aunque en trabajo social, este tipo de tarea es la manera de prender de los compañeros con los que se interactúa siendo así que en un 84% de las personas encuestadas reconoce que escucha las opiniones de los demás y externa de igual manera las suyas, es importante saber escuchar las sugerencias de las personas con las que se trabaja aunque una minoría de 3% los profesionales objetan que el trabajo en equipo es un pérdida de tiempo porque las personas con las que se trabaja no se comprometen.

El secreto profesional como tal, va de la mano con los valores que se han reforzado durante un lapso de tiempo en el ámbito laboral y personal. En un 53% los trabajadores sociales están consientes de esta afirmación y no comentan la información que les proporciona el usuario, mientras que en un 20% esta la guardan en el archivo de la institución.

El servicio es la manera en que un usuario es atendido en las instituciones, estas buscan la forma para que se lleve a cabo un desarrollo social en un ambiente de confianza y seguridad en la que el cliente se siente del todo satisfecho con el trato recibido. Respetar los derechos humanos y de género es una de las acciones que avalan el regreso o asistencia del usuario, esta se da en un 79% de las encuestas aplicadas a trabajadoras sociales, por otra parte el 6% de las personas cuestionadas mencionan que lo primordial es respetar las preferencias religiosas y políticas del cliente.

La opinión de los compañeros de trabajo y la concepción que se tiene de ellos, es la inclinación para elaborar tareas por equipo; la solidaridad y confianza que se tengan entre los compañeros de trabajo, motivan este tipo de labores por grupo, siendo en un 72% la cifra más alta en cuanto a la actitud de responsabilidad y compromiso que los trabajadores sociales proyectan, cuando por el contrario un 2% de los profesionistas encuestados comentan que sus compañeros son oportunistas.

El respeto en un 98% es uno de los valores más importantes para los trabajadores sociales, este proporciona la manera de llevar a cabo una armonía dentro del área laboral y entre los compañeros, solo con este valor se puede llegar a contribuir conjuntamente ya que no se menosprecian las acciones, creencias, y actitudes, mientras que en un 2% este valor no es relevante para los profesionistas.

Expresarse con coherencia, sinceridad y el respeto a la verdad, son fases fundamentales de la honestidad, este valor se encuentra de entre los principales que el trabajador social considera como primordiales dentro del área laboral en un 98%, mientras que el 2% no considera que este sea tan importante

La tolerancia como valor representa el respeto a una idea o creencia contraria a la que en lo personal es factible, siendo este el 92% uno de los valores ms importantes para los trabajadores sociales encuestados, mientras que el 8% no considera que este sea un valor relevante.

Para ser sincero se deberá decir siempre la verdad, pero no solo en las palabras que se mencionan, sino también en las actitudes, este valor es importante para un 83% de las personas encuestadas.

La responsabilidad es aquel valor que está en la conciencia de la persona, el cual implica que los efectos de toda acción sean compatibles con los de la conciencia. Un 99% de los profesionales cuestionados tienen presente la importancia de este valor como tal, mientras que en un 1% no lo consideran del todo importante.

La aceptación va de la mano con el hecho de no rechazar las ideas, creencias, actitudes de otras personas, este valor va muy amenudeo con la tolerancia y el respeto. El 16% de las trabajadoras sociales a las que se les aplico el instrumento para la recopilación de datos menciona que este valor no es de total importancia, mientras que en un 84% este valor cobra un grado de relevancia en los profesionistas encuestados.

Darle a cada quien lo que le pertenece, así como obtener lo que cada persona ha logrado con sus propios meritos detona el termino justicia, aunque cada civilización tiene diferente concepción de lo que es el bien común, en un 91% de las personas cuestionadas se marca que dicho valor aún está presente de entre los que se consideran más importantes, mientras que un 9% menciona que este valor no es tan relevante.

El afirmar que todos por igual tenemos el mismo grado de responsabilidades y obligaciones es aceptar que existe equidad, es así como en un 90% de los trabajadores sociales consideran este valor importante para el desarrollo profesional y personal.

La solidaridad demuestra aquel buen sentimiento individual para coadyuvar con el desarrollo o bienestar de alguien, la colaboración mutua entre las personas, la manera en que el ser humano se mantenga dentro de su entorno social gracias a la participación de un tercero dispuesto a apoyar. El 87% de las personas cuestionadas afirman que este valor es uno de los más importantes, mientras tanto los 13% restantes comentan que este valor no es tan importante.

La paz es el estado de tranquilidad o quietud, quizá un momento de tregua acompañado de respeto y tolerancia, gracias a este valor se han denotado momentos de suma esperanza para aclarar malentendidos o situaciones ásperas; la paz es una salida hacia la culminación de bien por lo regular, es por ello que un 71% de los cuestionarios arrojaron este valor como uno de los más importantes, mientras el 29% contradice la afirmación anterior.

Colocar adecuadamente las cosas en su lugar en un tiempo y espacio determinado, proyectan el valor del orden, este va de la mano con el sentido de limpieza y control. Un 80% de las personas cuestionadas consideran que el oren es uno de los valores importantes para el desarrollo laboral.

La libertad suele estar aunada con los valores de justicia e igualdad, esta es la capacidad del hombre para decidir si quiere hacer algo o no, aunque con esta decisión también se hace responsable de sus actos. El 82% de los datos analizados comenta que este valor es importante, mientras que en un 18% se objeta que este no es muy relevante.

La unión es cooperación, así como la dispersión de responsabilidades a las personas que están capacitadas para llevar a cabo diferentes labores que contribuyen al desarrollo de distintas formas de bienestar colectivo, tal que será beneficio en la mayoría de los casos para las personas que participaron en esa liga de contribución, siendo así que el 26% de las personas cuestionadas mencionan a este valor no muy relevante, cuando por el contrario el 74% asegura que este es de suma importancia.

La veracidad es el valor que da pauta a decir lo que una persona de verdad siente, este equivale a la sinceridad, oponiéndose rotundamente a la falsedad e hipocresía, dentro de campo laboral este valor va acompañado de la ética que se tenga para la declaración de juicios razonables y verídicos en cuanto a los hechos ocurridos, es por ello que el 79% de los trabajadores sociales cuestionados toman este valor como uno de los más importantes dentro de su vida cotidiana y por supuesto en el ámbito profesional.

TRANSITORIOS

El presente Código de ética para Trabajadores Sociales entrará en vigor el día 1ero de Enero de 2025.

En caso de duda o conflicto en la interpretación o cumplimiento del presente Código de Ética, éstas se resolverán de conformidad con lo que disponga el Código de la Felación Internacional de Trabajo Social.

JURAMENTO

Protesto por mi honor, poner todos mis conocimientos y experiencia al servicio de quien me lo solicite, en beneficio de la Profesión, De las instituciones, la sociedad y la nación entera cuando las circunstancias así me lo exijan.

Defenderé con la verdad y fortaleza los derechos de las personas e instituciones para enaltecer con mis actos la profesión a la cual pertenezco. De faltar a la conciencia ética y a un comportamiento coherente con ella como profesionista, que se haga de mi conocimiento y que la comunidad científica y la sociedad, me lo reclamen.

JURAMENTO AL MOMENTO DE OBTENCIÓN DEL TÍTULO DE LICENCIADOS EN TRABAJO SOCIAL.

En el momento de ser admitida en el número de miembros de la profesión de Trabajo Social, adquiero el compromiso solemne de consagrar mi vida al servicio de la humanidad.

Guardaré lealtad a mi profesión, y a las instituciones en las que presté mis servicios.

Respetare el secreto profesional de aquél que se confié en mí, propugnaré en toda medida de mis medios por mantener incólume el honor, la filosofía, mística a las nobles tradiciones de Trabajo Social.

Fomentare entre mis colegas el espíritu de fraternidad.

No permitiré que consideraciones de religión, raza, nacionalidad, partido o clase social, influyan en el cumplimiento de mi deber.

Hago estas promesas solemnes, libre, espontáneamente y avaladas por el honor.

PROFESIONALISMO

Es la disposición para ejercer de manera responsable y seria la función como Trabajador Social, con relevante capacidad y aplicación de la metodología propia de la profesión:

1.- Se abstiene de cualquier acto que pueda mermar la respetabilidad propia de su cargo, tanto en el ámbito público como en el privado.

2. Actualiza permanentemente sus conocimientos metodológicos estudiando, aspectos tecnológicos también en una mayor superación que demanda hiy la sociedad

3. Procura constantemente acrecentar su cultura en las ciencias auxiliares del de Trabajo Social.

4. Estudia con acuciosidad los expedientes de los casos en los que deba intervenir.

5. Aplica los modelos de intervención de caso grupo y comunidad al pie de la letra de acuerdo al as necesidades de la institución, personas o comunidades.

6. Dedica el tiempo necesario para el estudio de expedientes, informes y entrevistas de los asuntos importantes.

7. Asume responsable y valerosamente las consecuencias de sus decisiones.

8. Acepta sus errores y aprende de ellos para mejorar su desempeño.

9. Guarda celosamente el secreto profesional.

10. Lleva a cabo por sí mismo las funciones inherentes e indelegables de su cargo.

11. Trata con respeto y consideración a sus subalternos.

12 Escucha con atención y respeto a los usuarios de los servicios requeridos.

13. Trata con amabilidad y respeto a los todas las personas que están a su alrededor.

14. Administra con eficacia, eficacia y esmero los recursos con los que cuenta a su cargo.

15. Cumple puntualmente con el deber de asistir a todo usuario.

16. Sabe llevar el cumplimiento de su deber hasta el límite de sus posibilidades, y separarse de su cargo, cuando su estado de salud u otros motivos personales, no le permitan desempeñar eficientemente sus funciones.

17. Se abstiene de emitir opiniones sobre la conducta de sus pares.

18. Cumple con sus deberes de manera ejemplar para que los servidores públicos a su cargo lo hagan de la misma manera en los que les correspondan.

19. Busca con afán que sus acciones reflejen la credibilidad y confianza propias de su cargo.

EXCELENCIA

El Trabajador Social se perfecciona cada día para desarrollar las siguientes virtudes:

1. *Humanismo:* En cada momento de su quehacer está consciente de que las reglas, códigos y leyes se hicieron para servir al hombre, de modo tal que la persona constituye el motivo primordial de sus afanes.

2. *Justicia:* En cada uno de los asuntos sometidos a su intervención, se esfuerza por dar a cada quien lo que le es debido.

3. *Prudencia:* En su trabajo Humanitario y en las relaciones con sus colaboradores, recoge la información a su alcance con criterios rectos y objetivos; consulta detenidamente las reglas del caso, pondera las consecuencias favorables y desfavorables que puedan producirse por su decisión, y luego toma ésta y actúa conforme a lo decidido.

4. *Responsabilidad:* Asume plenamente las consecuencias de sus actos, resultado de las decisiones que tome, procurando que sus subordinados hagan lo mismo.

5. *Fortaleza:* En situaciones adversas, resiste las influencias nocivas, soporta las molestias y se entrega con valentía para vencer las dificultades y cumplir con su labor.

6. *Patriotismo:* defiende el conjunto de valores que, como trabajador social lo identifican, representa.

7. *Compromiso social:* Tiene presentes las condiciones de iniquidad que han afectado a una gran parte de la sociedad a lo largo de nuestra historia, y advierte que la confianza y el respeto sociales que merezca serán el resultado de un trabajo dedicado, responsable y honesto.

8. *Lealtad:* Acepta los vínculos implícitos en su adhesión a la Institución a la que pertenece, de tal modo que refuerza y protege, en su trabajo cotidiano, el conjunto de valores que aquélla representa.

9. *Orden:* Mantiene la adecuada organización y planificación en el trabajo a su cargo.

10. *Respeto:* Se abstiene de lesionar los derechos y dignidad de los demás.

11. *Decoro*: Cuida que su comportamiento habitual tanto en su vida pública como privada, esté en concordancia con el cargo y función que desempeña.

12. *Laboriosidad:* Cumple diligentemente sus obligaciones de Trabajo Social.

13. *Perseverancia:* Una vez tomada una decisión, lleva a cabo los actos necesarios para su cumplimiento, aunque surjan dificultades externas o internas.

14. *Humildad:* Es sabedor de sus insuficiencias, para poder superarlas, y también reconoce sus cualidades y capacidades que aprovecha para emitir de la mejor manera posible sus resoluciones, sin pretender llamar la atención ni esperar reconocimientos.

15. *Sencillez*: Evita actitudes que denoten alarde de poder.

16. *Sobriedad:* Guarda el justo medio entre los extremos y evita actos de ostentación que vayan en demérito de la respetabilidad de su cargo.

17. *Honestidad:* Observa un comportamiento probo, recto y honrado.

18. Sentido de Responsabilidad. La persona que decide ser trabajador social tiene que saber que además de tener acendrado espíritu de servicio requiere un gran sentido de responsabilidad. Tal decisión entraña obligarse a cumplir con todos sus deberes profesionales, con las tareas que se aceptan como deberes, y hacerse responsable asimismo de los intereses de la institución de la que forma parte.

Todo trabajador social tiene que comprenda con más claridad su responsabilidad individual la cual será la más estimada con lo que lograra conseguir la confianza de sus superiores para encargarse de los casos más delicados.

OBJETIVIDAD

Es la actitud del Trabajador Social frente a influencias extrañas a su labor, provenientes de sí mismo. Consiste en emitir sus informes y estudios por las razones que la metodología le suministra, y no por las que se deriven de su modo personal de pensar o de sentir. Por tanto, el Trabajador Social:

1. Al emitir una respuesta favorable o desfavorable, no buscará reconocimiento alguno.

2. Al tomar sus decisiones en forma individual o colegiada, buscará siempre la razón lógica frente a cualquier beneficio o ventaja personal.

3. Si es integrante de un colegio de trabajadores sociales, trata con respeto a sus pares, escucha con atención y apertura de entendimiento sus planteamientos y dialogar con razones y tolerancia.

4. Procura actuar con serenidad de ánimo y equilibrio interno, a fin de que sus decisiones estén desprovistas de aprensiones y prejuicios.

VISIÓN

Es propósito permanente de este Código Ética es constituir una solida formación en el ámbito de la ética y la moral en todos los profesionistas en trabajo social incluyendo a los alumnos y ex alumnos de la licenciatura en trabajo social de las máximas, casas de estudios de las diferentes universidades de nuestro país. Tal posición debe ser conquistada todos los días, con base en deponer intereses particulares y poner en práctica los valores y éticos morales que aquí enmarcamos

MISIÓN

Éste Código de Ética considera que su Misión radica en contribuir al mejoramiento de la todos y cada uno de los profesionistas de trabajo social mediante la aplicación del presente cuerpo normativo respetando la autodeterminación. El respeto a las personas en su, cultura usos y costumbres Todo ello basado en la observancia de este Código coadyuvando al mejoramiento sistemático de las condiciones de vida, en los ámbitos local, regional y nacional.

Por medio de un cumulo de actitudes que en su momento ponen en práctica en apoyo a todo usuario que así lo requiera...

Actitudes

- Con espíritu de servicio, para guiar y atender las necesidades de quienes solicitan su apoyo y conocimientos.
- Perseverancia y flexibilidad para realizar sus funciones.
- Disponibilidad al trabajo en equipo.
- Respeto por escuchar a los demás.
- Iniciativa y creatividad por fortalecer su quehacer individual y académico.
- De liderazgo profesional para impulsar procesos de desarrollo social.
- Autocontrol en situaciones de crisis.
- Autoestima saludable
- Disposición a escuchar.
- Respeto irrestricto de los derechos humanos, a culturas, valores y a las instituciones.
- Seguridad y sensatez profesional en la aplicación de sus conocimientos en los diversos campos profesionales.
- Concertación y negociación en conflictos individuales, grupales y comunitarios.
- Disposición para trabajar en los niveles de atención caso, grupo y comunidad coadyuvando al desarrollo del ser humano.
- Iniciativa para innovar modelos de intervención profesional de manera dinámica, positiva y creativa.
- Interés en la solución de los problemas que aquejen a la sociedad, con sensibilidad al trato humano.
- Imparcialidad para analizar con precisión su objeto de estudio, olvidándose de los prejuicios y valores subjetivos.

Valores.

- Espíritu de servicio a todas las personas, sin discriminar su condición social, sexo, edad, religión, nacionalidad e impedimento físico.
- Sentido de justicia ante cualquier individuo o grupo, procurando el bien común, con un trato equitativo y profesional, buscando siempre las mejores condiciones de la población.
- Solidaridad ante los problemas, necesidades y carencias del ser humano.
- Discreción, aludiendo al secreto profesional, por lo que habrá de guardar sigilosamente la información
- Responsabilidad al cumplir sus deberes profesionales, sus reglamentos y funciones.
- Honestidad en todos sus actos dentro de su campo profesional.
- Considerar todas las circunstancias en que actúa, pensando en la mejor alternativa, reconociendo los pros y contras apelando al ejercicio patente de la recta razón.

Éste Código se halla regida por el principio de:

INDEPENDENCIA

El código y los trabajadores sociales que intervinieron en su elaboración mantienen su independencia ante cualquieras interés ajeno a sus principios ético morales respecto de intereses económicos, políticos, religiosos y de cualquier otro orden, para estar libre de obligaciones y presiones que obstruyan su misión ética.

Bibliografía

Ezequiel Ander-Egg, (1985), Historia del Trabajo Social, Humanitas, Buenos Aires Argentina

Evangelista Ramírez Eli, Historia del Trabajo Social en México, ENTS, UNAM, 1998

Heler, Mario, Et al, "Filosofía Social y Trabajo Social, Elucidación de un Campo Profesional", Ed. Biblos, Buenos Aires, Argentina, 2002,

Mellizo Carlos, "Investigación sobre los principios de la moral", Alianza Editorial, Madrid, 1993

Silvia Galeana de la O. Campos de Acción, Pág. 161; en Manual de Trabajo Social ENTS UNAM 1996

ROJINA VILLEGAS RAFAEL, Derecho Civil Mex. Tomo V, V. II. Obligaciones, pp. 359-391. Ed. Porrúa, S.A., Méx.; 2025

Sierra Sela "Introducción a la Asistencia Social". Buenos Aires, Editorial Hvamanitas. 1971

Valero, Aida, "El trabajo social en México", ENTS. UNAM, 1999

UAEH - AATS: "Estudio de Mercado Laboral" Año 2010.

Constitución Política de los Estados Unidos mexicanos. 2025, Editorial Esparta

C CIVIL PARA EL D.F COMENTADO, Instituto de Investigaciones Jurídicas UNAM- Porrúa, Tomo IV De las Obligaciones 2025

DICCIONARIO JURÍDICO MEXICANO. E, Porrúa-UNAM-Insituto de Investigaciones Jurídicas, 2025. T. I, letra A-CH.

http: //www.ts.ucr.ac.cr/decla-006.htm, 07/01/2025

www.tsmu.org/doc/declaracionÉtica.pdf Marzo/2025.

http://www.monografias.com/trabajos16/etica-general/eticageneral.html 09/07/2025

www.tulancingo.gob.mx/transparencia/leyesmunicipales/BandodePolicia.pdf,2025

www.tulancingo.gob.mx/transparencia/leyesmunicipales/BandodePolicia.pdf2025.

OMS, ONU; 2025

La presente edición digital estuvo a cargo de:
Appie Ebook Solutions & Web Automations

www.ingramcontent.com/pod-product-compliance
Lightning Source LLC
LaVergne TN
LVHW100245051026
849517LV00006B/2004
9798233838590